给孩子的

小诗词

100课

上册

李连红 主编

中国出版集团
中译出版社

扫码听音频

图书在版编目（CIP）数据

给孩子的小诗词 100 课：全 2 册 / 李连红主编. --
北京：中译出版社，2021.7
（文学小口袋）
ISBN 978-7-5001-6667-2

Ⅰ. ①给… Ⅱ. ①李… Ⅲ. ①古典诗歌 – 中国 – 小学
– 教学参考资料 Ⅳ. ① G624.203

中国版本图书馆 CIP 数据核字（2021）第 105633 号

给孩子的小诗词 100 课　上册
GEI HAIZI DE XIAO SHICI 100 KE

出版发行	中译出版社
地　　址	北京市西城区车公庄大街甲 4 号物华大厦 6 层
电　　话	（010）68359376　68359303　68359101
邮　　编	100044
传　　真	（010）68357870
电子邮箱	book@ctph.com.cn
责任编辑	顾客强　王滢
封面设计	韩志鹏
印　　刷	山东新华印务有限公司
经　　销	新华书店
规　　格	650mm × 920mm　1/16
印　　张	20
字　　数	250 千字
版　　次	2021 年 7 月第 1 版
印　　次	2021 年 7 月第 1 次

ISBN 978-7-5001-6667-2　　　定价：52.00 元（全 2 册）

版权所有　侵权必究
中 译 出 版 社

目录

第一辑　草木芬芳

第1课　鸟鸣涧……………………………………2

第2课　晓出净慈寺送林子方……………………5

第3课　重阳席上赋白菊…………………………8

第4课　梅花绝句…………………………………11

第5课　题榴花……………………………………14

第6课　同儿辈赋未开海棠………………………17

第7课　紫藤树……………………………………20

第8课　新　柳……………………………………23

第9课　紫薇花……………………………………25

第10课　大林寺桃花………………………………28

第二辑　四季诗情

第 11 课　立春偶成 …………………… 32

第 12 课　秋　词 ……………………… 35

第 13 课　客中初夏 …………………… 38

第 14 课　秋凉晚步 …………………… 41

第 15 课　秋登宣城谢朓北楼 ………… 44

第 16 课　春日偶成 …………………… 47

第 17 课　逢雪宿芙蓉山主人 ………… 50

第 18 课　夜　雪 ……………………… 54

第 19 课　春日五首（其一）………… 57

第 20 课　山亭夏日 …………………… 60

第三辑　托物言志

第 21 课　竹　石 ……………………… 64

第 22 课　蝉 …………………………… 67

第 23 课　白　梅 ……………………… 70

第 24 课　画　菊 ……………………… 73

第 25 课　石灰吟 ……………………… 76

第26课　旅夜书怀 …………………… 79

第27课　左掖梨花 …………………… 82

第28课　杨柳枝词 …………………… 85

第29课　北陂杏花 …………………… 88

第30课　卜算子·咏梅 ……………… 91

第四辑　临行送别

第31课　赠汪伦 ……………………… 94

第32课　芙蓉楼送辛渐 ……………… 97

第33课　山中送别 …………………… 100

第34课　谢亭送别 …………………… 103

第35课　淮上与友人别 ……………… 106

第36课　送杜十四之江南 …………… 109

第37课　别卢秦卿 …………………… 112

第38课　送魏二 ……………………… 115

第39课　送沈子福之江东 …………… 118

第40课　渡荆门送别 ………………… 120

第五辑　山水田园

第41课　竹里馆 ……………………… 124

第42课　四时田园杂兴（其三十一）……… 127

第43课　过故人庄 …………………… 130

第44课　村　夜 ……………………… 133

第45课　渔　翁 ……………………… 136

第46课　乡村四月 …………………… 139

第47课　山　中 ……………………… 142

第48课　雨过山村 …………………… 145

第49课　出　郊 ……………………… 148

第50课　饮酒（其五）………………… 151

第一辑

草木芬芳

第 1 课

鸟鸣涧①

〔唐代〕王维

人闲②桂花落,
夜静春山空③。
月出④惊⑤山鸟,
时鸣⑥春涧中。

字词小贴士

① 鸟鸣涧：鸟儿在山中小溪边鸣叫。涧，两山之间的小溪。　② 闲：安静、悠闲。　③ 空：这里形容山中寂静无声。　④ 月出：月亮出来。　⑤ 惊：惊动，惊扰。　⑥ 时鸣：不时地啼叫。

诗文转换站

人的心闲静下来，能感受到桂花从枝头飘落，春日的夜晚一片宁静，山中寂静无声。

月亮升起，惊动了山中的鸟儿，小溪中时而传出一阵阵清脆的鸣叫声。

诗词赏析评

这首诗描绘春天的深夜里，山中幽静而美丽的景色。

"人闲桂花落，夜静春山空"，用声音描写景色。当时是深夜，诗人不能看到桂花飘落的景致，但因为"夜静"，更因为观风景的人"心静"，所以他还是感受到了盛开的桂花从枝头脱落、飘下、着地的情景。

"月出惊山鸟，时鸣春涧中"，用动"惊""鸣"描写安静。一"惊"一"鸣"，好像打破了夜的静谧，实则用对声音的描述衬托山里的幽静与闲适。

诗词趣味多

1.桂花：中国十大名花之一，又名岩桂。桂花品种繁多，最具代表性的有金桂、银桂、丹桂、月桂等。桂花香气扑鼻，含多种香料物质，可用于食用，提取香料，制作桂花酒、桂花茶等。

2.甲骨文：中国的一种古老文字，主要指中国商朝晚期王室为占卜记事而在龟甲或兽骨上契刻的文字，又称"契文""殷墟文字"等，距今有三千多年。

智慧修炼场

1.猜一猜：你猜猜，这个甲骨文是这首诗中的哪一个字？请写下来。

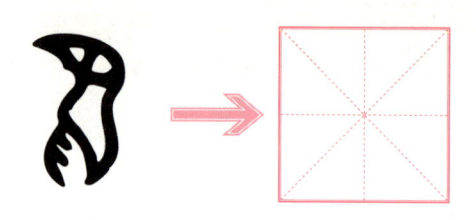

"鸟"字的甲骨文像一只飞禽，描画了飞禽的喙、羽、爪。"鸟"字的甲骨文还有其他写法，有的还画出了飞禽的羽毛和羽冠。

2.选一选：诗中"月出惊山鸟，时鸣春涧中"描写出（　　）。

A.春山的夜晚很热闹　　B.春山的夜晚很安静

诗人小档案

王维（701—761），字摩诘，号摩诘居士，河东蒲州（今山西省运城市）人。唐朝诗人、画家，有"诗佛"之称。唐肃宗乾元年间任尚书右丞，世称"王右丞"。多咏山水田园，与孟浩然合称"王孟"。苏轼评价王维的作品"诗中有画，画中有诗"。

答案：1.鸟　2.B

晓出①净慈寺②送林子方③

〔宋代〕杨万里

毕竟西湖六月中，
风光不与四时④同。
接天⑤莲叶无穷碧⑥，
映日荷花别样⑦红。

字词小贴士

① 晓出：太阳刚刚升起。　② 净慈寺：杭州西湖畔著名佛寺。　③ 林子方：诗人的朋友。　④ 四时：春夏秋冬四个季节。这里指六月以外的其他时节。　⑤ 接天：与天空相接。　⑥ 无穷碧：无边无际的碧绿色。因为莲叶面积很广，好像与天相接，所以呈现出无穷的碧绿。　⑦ 别样：格外。

诗文转换站

到底是西湖六月的景色，风光与其他时节大不相同。

碧绿的莲叶无边无际，好像与天相接，在太阳的映照下，荷花显得格外艳丽鲜红。

诗词赏析评

这首诗描绘六月杭州西湖美丽的景色。诗人通过对西湖美景的赞美，委婉地表达对友人深情的眷恋。

"毕竟西湖六月中，风光不与四时同"，这两句质朴无华的诗句，道出六月西湖与其他季节风光不同。

"接天莲叶无穷碧，映日荷花别样红"，诗人用充满强烈色彩对比的句子，给读者描绘出一幅大红大绿、精彩绝艳的画面：翠绿的莲叶铺到天边，使人感到置身于无穷的碧绿之中；而娇艳的荷花，在骄阳的映照下，更显得格外艳丽。

诗词趣味多

1. 荷花：古人多称其为莲花、芙蓉、芙蕖、水芝、红蕖等。
2. 《晓出净慈寺送林子方》是诗人杨万里的组诗作品第二首。

请欣赏第一首：

出得西湖月尚残，荷花荡里柳行间。
红香世界清凉国，行了南山却北山。

智慧修炼场

1.接力赛："毕竟西湖六月中，风光不与四时同。"后两句是什么？请你写下来。

_____

2.请你把这首诗后两句描绘的景象画下来。

诗人小档案

杨万里（1127—1206），字廷秀，号诚斋，吉州吉水（今属江西省）人。南宋著名文学家、爱国诗人。他与尤袤、范成大、陆游齐名，合称"南宋四大家"。一生作诗两万余首，有作品《诚斋集》等。

答案：1.接天莲叶无穷碧，映日荷花别样红。 2.略。

第一辑 草木芬芳

重阳席上赋白菊

〔唐代〕白居易

满园花菊郁金黄①，
中有孤丛②色似霜。
还似今朝③歌酒席，
白头翁④入少年场。

> **字词小贴士**

① 郁金黄：花名，即金桂，这里形容金黄色的菊花像金桂一样。　② 孤丛：孤独的一丛。　③ 今朝（zhāo）：今天。　④ 白头翁：诗人对自己的称谓。

诗文转换站

满园的菊花好似金桂般金黄，中间有一丛却雪白似霜。
这就像今天的歌舞酒席，老人家进了少年们的地方。

诗词赏析评

诗人晚年时，在一个重阳节与客饮酒赏菊，有感而作此诗，表达了自己虽然年老，但仍有少年的情趣。

题为"赋白菊"，诗开头却先道满园的菊花都是金黄色。此诗前两句写诗人看到满园金黄的菊花中有一丛雪白的菊花，感到欣喜；后两句把雪白的菊花比作是参加"歌舞席"的年老的自己，和"少年"一起载歌载舞。

"满园花菊郁金黄，中有孤丛色似霜。"这是用陪衬的手法，使下句中的白菊更为引入注目。"色似霜"运用生动的比喻，描绘了白菊洁白的色彩。

"还似今朝歌酒席，白头翁入少年场。"诗人由花联想到人，联想到歌酒席上的情景，比喻自然贴切。自己虽是"白头翁"，但是与众"少年"在一起，却并不觉孤寂、苍老，仍然充满青春活力。

诗词趣味多

1.重阳节：中国传统节日，在每年农历九月初九。"九"在《易经》中为阳数，"九九"两阳数相重，故曰"重阳"。古时民间在重阳节有登高祈福、秋游赏菊、佩插茱萸、拜神祭祖、饮宴祈寿等习俗；传承至今，重阳节又添了敬老等内涵。

2.菊："花中四君子"（梅、兰、竹、菊）之一，在秋季开花，兼有烈士与高士的两种品格。晚秋时节，菊花傲然开放，不畏严霜，显示出可贵的品质，象征凌霜飘逸、特立独行、不趋炎附势的世外隐士。

> **智慧修炼场**

1.找一找：从下面的多宫格中找出两句诗并写下来。

满	中	秋	菊	孤
郁	公	花	有	霜
单	园	黄	阳	色
金	丛	春	水	似

2.连一连：下面有三首有关重阳节的古诗，你能把作品与作者连起来吗？

①《过故人庄》　　　　　A.王维

②《重阳席上赋白菊》　　B.孟浩然

③《九月九日忆山东兄弟》　C.白居易

> **诗人小档案**
>
> 白居易（772—846），唐代诗人。字乐天，号香山居士，祖籍太原。唐代伟大的现实主义诗人，有"诗魔"和"诗王"之称。和元稹并称"元白"，和刘禹锡并称"刘白"。

答案：1.满园花菊郁金黄，中有孤丛色似霜。2.①—B；②—C；③—A

梅花绝句

〔宋代〕陆游

闻道①梅花坼②晓风③,
雪堆④遍满四山中。
何方⑤可化身千亿⑥?
一树梅前⑦一放翁。

字词小贴士

① 闻道：听说。　② 坼（chè）：裂开。这里是绽放的意思。　③ 晓风：晨风。　④ 雪堆：指梅花盛开像雪堆似的。　⑤ 何方：有什么办法。　⑥ 千亿：指千亿个诗人自己。　⑦ 梅前：一作"梅花"。

诗文转换站

听说山上的梅花已经在晨风中绽放，远远望去，四周山坡上的梅花就像一堆堆白雪一般。

有什么办法可以让我变化出千亿个分身呢？让每一棵梅花树前都有一个陆游常在。

诗词赏析评

这首诗是陆游晚年退居故乡山阴时所作。此时北宋灭国，陆游长时间得不到当权派的重用，但他的心中确实仍有期待，于是在看到梅花时有感而发，写成此诗。

"闻道梅花坼晓风，雪堆遍满四山中"写梅花绽放的情景。第一句中"坼晓风"一词，突出了梅花不畏严寒的傲然情态；第二句中则把梅花比喻成白雪，既写出了梅花洁白的特点，也表现了梅花漫山遍野的盛况。

"何方可化身千亿？一树梅前一放翁"更是出人意表，高迈脱俗。诗人愿化出千亿个自己，而每个自己面前都有一树梅花，把痴痴的爱梅之情淋漓尽致地表达了出来，同时也表现了诗人高雅脱俗的人格。

诗词趣味多

1.梅:"花中四君子"之一,被誉为"花中四君子"之首,因其所处环境恶劣,却仍在凌厉寒风中傲然绽放于枝头,是中国文化中最有骨气的花,是民族魂的代表。梅的傲骨激励着一代又一代的中国人不畏艰险、奋勇前进、百折不挠。

2.《梅花绝句》是组诗,上面为其一。请欣赏其二:

> 幽谷那堪更北枝,年年自分着花迟。
> 高标逸韵君知否,正是层冰积雪时。

智慧修炼场

1.写一写:诗中哪两句突出表现了诗人对梅花的喜爱?

_____

2.下面都是描写梅花的诗句,请你帮忙找一找诗句的作者吧。

①墙角数枝梅,凌寒独自开。　　　　A.王冕
②不要人夸颜色好,只留清气满乾坤。　B.陆游
③零落成泥碾作尘,只有香如故。　　　C.王安石

诗人小档案

陆游(1125—1210),字务观,号放翁,越州山阴(今浙江省绍兴市)人,南宋文学家、史学家、爱国诗人。创作诗歌今存九千多首,内容极为丰富。著有《剑南诗稿》《渭南文集》《南唐书》《老学庵笔记》等。

答案:1.何方可化身千亿?一树梅花一放翁。 2.①—C;②—A;③—B

第5课

题榴花

〔唐代〕韩愈

五月榴花照眼①明，
枝间时见②子③初成。
可怜④此地无车马⑤，
颠倒⑥青苔落绛⑦英。

字词小贴士

① 照眼：犹耀眼，形容物体明亮。　② 时见：常见。　③ 子：指石榴。　④ 可怜：可惜。　⑤ 车马：指乘车马来欣赏石榴花的达官贵人。　⑥ 颠倒：回旋翻转，也指心神纷乱。　⑦ 绛（jiàng）

英：指石榴花花瓣。绛，深红色。

诗文转换站

五月盛开的石榴花尤其明亮耀眼，枝叶间常常能看见初结的小石榴。

可惜此地没有乘车马来欣赏的达官贵人，深红的石榴花只能飘散回旋，最终落在青苔上。

诗词赏析评

这首诗是诗人在好友的旅舍所作，当时诗人与好友张十一都被贬谪，诗人有感而发。此诗描绘了五月石榴花盛开时繁茂烂漫，却因无人游赏而凋落的景象，委婉地表达了诗人孤独的心境。

"五月榴花照眼明，枝间时见子初成"，点明石榴花在五月开放，描绘出了石榴花盛开时繁茂烂漫的景象。"照眼明"三个字生动传神地描绘出石榴花鲜艳夺目的颜色，也表达了诗人赏花时的愉快心情。

"可怜此地无车马，颠倒青苔落绛英"，点明石榴花生长的地方很偏僻，没人来欣赏它的绚烂，殷红的石榴花落在青苔上，使人怜惜。诗人叹息花开无人赏，暗喻自己与友人满腹才华，却被贬谪于穷乡僻壤，才华不得施展。"颠倒"二字更是有力批判了统治者不识人才的愚蠢，抒发了诗人和友人都怀才不遇的愤懑。

诗词趣味多

农历：中国传统历法，根据月相的变化周期制定，是在阴历（夏历）基础上融合了阳历成分的一种阴阳合历。

公历：即公历纪年法，是一种源自于西方的纪年方法，根据地球绕太阳公转的运动周期为基础制定。

现在我们所用的是世界通用的公历纪年法，农历时间要比公历晚一个月左右。本诗中所写的农历五月，大约是是公历的六月。

智慧修炼场

1.写一写：诗中哪两句描写了石榴花盛开的景象？请你写下来。

_____

2.选一选：下面哪句诗出自诗人韩愈的作品？（　　）

A.天街小雨润如酥，草色遥看近却无。

B.接天莲叶无穷碧，映日荷花别样红。

C.胜日寻芳泗水滨，无边光景一时新。

诗人小档案

韩愈（768—824），字退之，河南河阳（今河南省孟州市）人，世称"韩昌黎""昌黎先生"。唐中期大臣，文学家、思想家、政治家。韩愈作为唐代古文运动的倡导者，名列"唐宋八大家"之首，有"文章巨公"和"百代文宗"之名。他与柳宗元并称"韩柳"，与柳宗元、欧阳修和苏轼并称"千古文章四大家"。有《韩昌黎集》传世。

答案：1.五月榴花照眼明，枝间时见子初成。　2.A

同儿辈赋未开海棠①

〔金代〕元好问

枝间新绿一重重②,
小蕾③深藏数点红。
爱惜芳心④莫轻吐⑤,
且教⑥桃李闹春风⑦。

> **字词小贴士**
>
> ① 同儿辈赋未开海棠:和儿女们一起作关于还没开放的海棠花的诗。 ② 一重重:一层又一层。形容新生的绿叶茂盛繁密。 ③ 小蕾:指海棠花的花蕾。 ④ 芳心:原指年轻女子的心。这里一语双

关，一指海棠的花蕊，二指人的心。 ⑤ 轻吐：轻易、随便地开放。 ⑥ 且教：还是让。 ⑦ 闹春风：在春风中争奇斗艳。

诗文转换站

　　海棠枝间新长出的绿叶层层叠叠、繁密茂盛，花蕾隐藏在碧绿的叶间，隐隐透出几点红色。

　　一定要爱惜自己美好的心，不要轻易地盛开，还是让桃花李花在春风中争奇斗艳吧！

诗词赏析评

　　"枝间新绿一重重，小蕾深藏数点红"，意思是说，此时的海棠树已是枝叶茂盛了，可是还没有开花，这时不仔细观察是不会发现花蕾的，可是诗人驻足细看，发现这小小的花蕾全都悄悄"藏"在枝叶茂盛的地方。

　　"爱惜芳心莫轻吐，且教桃李闹春风"，海棠的身旁可能有桃树、梨树或李树，和煦的春风中，它们竞相开放，争奇斗艳。但这热闹毕竟是短暂的，几度风雨之后，它们纷纷坠落、凋零了。海棠花却不同，它无意争春，待群芳落尽后，才绽开它美丽的容颜。

诗词趣味多

　　关于海棠的诗词，你还知道哪些呢？读一读下面这首吧！

　　　　　海　棠
　　　　〔宋代〕苏轼
　　东风袅袅泛崇光，香雾空蒙月转廊。
　　只恐夜深花睡去，故烧高烛照红妆。
　　深夜，诗人恐怕海棠花睡去，不仅是把花比作人，也是把人比作花，构思巧妙，又十分感人。

智慧修炼场

1.猜一猜：这个甲骨文是诗中哪一个字？请写下来。

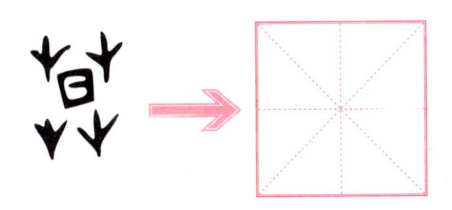

"莫"的古字形像太阳落在草木之中，是"暮"的本字，本义是太阳落山的时候。

2.说一说：本诗的三四句运用了什么表现手法？给我们带来怎样的启示呢？

_____

_____

> **诗人小档案**
>
> 元好问（1190—1257），字裕之，号遗山，太原秀容（今山西忻州）人。金末著名文学家、历史学家。元好问是宋金对峙时期北方文学的主要代表，又是金元之际在文学上承前启后的桥梁，被尊为"北方文雄""一代文宗"。

答案：1.莫 2.运用了反衬（或对比）的表达手法，后半二句用蜂蝶纷纷过墙去，写出花的芬芳诱人，虽然可以带来一时的热闹繁华，但这是短暂的，难以持久的。

紫藤①树

〔唐代〕李白

紫藤挂云木②,
花蔓宜③阳春④。
密叶隐歌鸟⑤,
香风留美人。

字词小贴士

① 紫藤:又名"藤萝",大型落叶藤本植物。枝粗叶茂,可伸展数十丈之高,春季开花,花很香,紫色或深紫色。 ② 云木:高耸入云的大树。 ③ 宜:适合。 ④ 阳春:温暖的春天。 ⑤ 歌鸟:啼叫的鸟。

诗文转换站

紫藤缠挂在高高的大树上，花蔓在温暖的春天里多么美丽。

小鸟在它茂密的枝叶里欢唱，美人因为留恋它的香气不愿离去。

诗词赏析评

这首诗通过吟咏紫藤树抒发了诗人对大自然的热爱。

"紫藤挂云木"，柔韧的紫藤攀附在高大的乔木上，其中"云"字形容树木高大入云。"挂"十分形象地表明紫藤从空中垂下的情态。

"花蔓宜阳春"，在这样温暖的春天里，紫藤树的花蔓很合时宜地点缀着烂漫的春景。

"密叶隐歌鸟"，描绘出一幅听见鸟鸣，却见不到鸟儿身影的景致。明写密叶和其深处的啼鸟，以赞美紫藤的盎然生机。

"香风留美人"，为全诗最精彩之笔。诗句描绘出一幅紫藤花的芳香以无形的美和魅力吸引美人驻足的景致。诗人运用超脱的想象力，以"留美人"作诠释，使"香风"形象化。"留"字生动地展现了美人迷恋花香并沉醉于其中的情景。

诗词趣味多

1.古人对春天称谓很多。

三春：古时以农历正月为孟春、二月为仲春、三月为季春，简称"三春"。

九春：春季三个月共九十天，十天一春，故称"九春"。

青春：春天大地复苏，万物生气盎然，一派葱葱郁郁，因此称春天为"青春"。

青阳：春天阳光温和明媚，因此称春天为"青阳"。

艳阳：春天风和日暖，阳光灿烂，因此又称为"艳阳"。

芳春：春天百草萌发，万木滋长，奇花异草斗芳菲，因此春天又有"芳春"的称呼。

阳春：在中国江南一带，人们将春天冠以"阳春"和"阳春三月"的美称。

2.美人：指容貌美丽、出挑的人，多指女子。著名的古代"四大美人"是西施、王昭君、貂蝉、杨玉环。

智慧修炼场

1.选一选：诗中哪一句描写了紫藤花芳香袭人，令游人不舍得离去？（　　）

　A.紫藤挂云木　　　B.花蔓宜阳春

　C.密叶隐歌鸟　　　D.香风留美人

2.写一写：你还学过李白的哪些古诗？请你把古诗的题目写下来。

《_____》《_____》

诗人小档案

李白（701—762），字太白，号青莲居士，又号"谪仙人"，唐代伟大的浪漫主义诗人，被后人誉为"诗仙"，与杜甫并称为"李杜"。李白的诗雄奇飘逸，有极高的艺术成就。

新 柳

〔宋代〕杨万里

柳条百尺拂银塘①,
且莫②深青只浅黄③。
未必柳条能蘸水④,
水中柳影引⑤他长。

字词小贴士

① 银塘：指清澈明净的池塘。 ② 且莫：千万不要，一定不要。 ③ 深青、浅黄：指柳的颜色。早春时节柳条是浅黄的，晚春时节柳条是深青的。 ④ 蘸（zhàn）水：刚刚伸展到水里。 ⑤ 引：这里指水中柳影把柳拉长。

诗文转换站

长长的柳条轻拂过清澈明净的池塘，柳的颜色不是深青的，只是浅浅的黄。

柳条不一定伸展到了水面上，是水中的柳条的影子将它拉长了。

诗词赏析评

诗人把普通的柳树写得妙趣横生，表现了诗人对自然景物的深情，体现了"诚斋体"的特色。

"柳条百尺拂银塘"，描绘了一幅初春时节的池塘绿柳图。"百尺"用夸张的手法表现了柳的茂盛，"拂"用拟人的手法写出了柳的轻柔。

"且莫深青只浅黄"着重描写柳叶的颜色。"且莫"即"切莫"，在这里应该理解为"一点儿都没有"，就是一点儿深青色都没有，只有鹅黄嫩绿。这句写出了初春时节柳叶颜色的特点。

"未必柳条能蘸水，水中柳影引他长"描绘出一幅柳条和水中柳影交相辉映的优美图画。

诗词趣味多

1.诚斋体：因杨万里而得名（杨万里号诚斋）。诚斋体的语言浅显易懂、流畅自然，近于口语，风格活泼自然，饶有谐趣。

2.尺：长度单位。一尺是十寸，大约33厘米。

智慧修炼场

连一连：以下描写杨柳的诗句，你能帮助它们找到作品吗？

①一树春风千万枝，嫩于金色软于丝。　　A.《咏柳》
②草长莺飞二月天，拂堤杨柳醉春烟。　　B.《村居》
③碧玉妆成一树高，万条垂下绿丝绦。　　C.《杨柳枝词》

答案：①—C；②—B；③—A

紫薇花

〔唐代〕杜牧

晓①迎秋露②一枝新,
不占园中最上春③。
桃李无言④又何在?
向风偏笑艳阳人⑤。

字词小贴士

① 晓：早晨。　② 秋露：秋天的寒露。　③ 上春：早春。　④ 桃李无言："桃李不言，下自成蹊。"（司马迁《史记·李将军列传》）意谓桃李不说话，不夸耀自己，而人们都来欣赏他们，在桃树、李树下走出了小路。　⑤ 艳阳人：指在春天艳阳里开的花。

诗文转换站

　　一枝枝紫薇在秋天的早晨迎着寒露绽放，不在早春与花园中其他花争奇斗艳。

　　如今谦逊的桃花李花又在哪里？只有紫薇花笑看那些只能在春日艳阳里开的花。

诗词赏析评

　　诗人当时正处于牛李党争激烈的时期，诗人不趋炎附势，坚守刚直节操，恰似独自盛放在秋日的紫薇花。这首诗赞美紫薇花不争春的谦逊品质，同时也赞美了具有谦逊美德的人。

　　"晓迎秋露一枝新"，秋天的早晨，寒露中的紫薇花开出新鲜的花朵。"迎"字写出了紫薇花不怕秋寒，装点秋色。

　　"不占园中最上春"，春天时，百花争奇斗艳，而紫薇花不与它们争春。诗人在这里赞美紫薇花谦逊的高尚品格。

　　"桃李无言又何在？向风偏笑艳阳人。"桃李不言，虽然表现了他们的谦逊，然而他们毕竟也和百花一起争着在春天开放。现在秋风萧瑟，无言的桃花、李花不知去哪儿了，只有紫薇花笑对那些争着在艳阳春天开放的花朵了。

诗词趣味多

牛李党争：指唐朝后期以牛僧孺、李宗闵等为领袖的牛党与以李德裕、郑覃等为领袖的李党之间的争斗。这场争斗持续了将近40年，是唐朝末年宦官专权、国家腐败衰落的集中表现，加深了唐朝后期的统治危机。

智慧修炼场

1.猜一猜：这个甲骨文是诗中哪一个字？请你写下来。

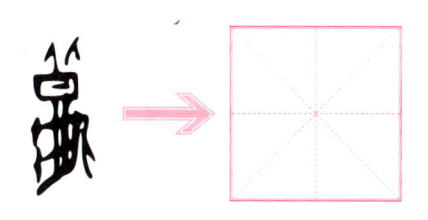

"秋"的甲骨文像一只蟋蟀。在中国北方，蟋蟀一般在八月成虫，在九月活跃，是秋天的代表性昆虫。

2.写一写：你还学过杜牧的哪些诗？请你写下来。

《_____》《_____》

诗人小档案

杜牧（803—853），字牧之，京兆万年（今陕西省西安市）人。晚唐著名诗人，以七言绝句著称。人谓之"小杜"，和李商隐合称"小李杜"，以别于李白与杜甫的合称"李杜"。有《樊川文集》二十卷传世，《全唐诗》收其诗八卷。

答案：1.秋 2.例：清明 山行

第一辑 草木芬芳

第10课

大林寺①桃花

〔唐代〕白居易

人间②四月芳菲③尽④,
山寺桃花始⑤盛开。
长恨⑥春归无觅⑦处,
不知⑧转入此中来。

> **字词小贴士**

① 大林寺:在庐山大林峰,相传为晋代僧人昙诜所建,为中国佛教胜地之一。　② 人间:指庐山下的平地村落。　③ 芳菲:盛开的花。　④ 尽:指花凋谢了。　⑤ 始:才,刚刚。　⑥ 长恨:常常

惋惜。　⑦觅：寻找。　⑧不知：岂料，想不到。

诗文转换站

　　四月的时候，平原上的百花都已经凋谢了，高山古寺中的桃花才刚刚盛开。

　　我常为春光逝去无处寻觅而惋惜，却不知它已经转到这里来了。

诗词赏析评

　　这首诗写诗人登山时已是晚春百花都凋谢的时候，他却在高山古寺之中，又看到了意想不到的春景。

　　"人间四月芳菲尽，山寺桃花始盛开。"第一句的"芳菲尽"与第二句的"始盛开"，是在对比中遥相呼应的。它们表面上是记事写景，实际上也是在写诗人愁绪满怀的叹逝之情突变为欣喜之情。

　　"长恨春归无觅处，不知转入此中来。"诗人想到自己曾怨恨春去的无情，但谁知却是错怪了春，春只不过像跟人捉迷藏一样，偷偷地躲到这个地方来了。

　　这首小诗立意新颖，构思巧妙，又启人深思，惹人喜爱，可谓唐人绝句中的佳作。

诗词趣味多

　　1.沈括少年时读到"人间四月芳菲尽，山寺桃花始盛开"，他想：同样是桃花为什么开的时间不一样呢？原来是因为山上海拔比平原高，气温低，所以桃花才开得迟。

　　2.苏轼《望江南·暮春》词有"百舌无言桃李尽，柘林深处鹁鸪鸣"之句，辛弃疾《鹧鸪天》词亦有"城中桃李愁风雨，春在溪头荠菜花"之句，都与白居易这首诗用意相同。

智慧修炼场

1.猜一猜：这个甲骨文是诗中哪一个字？请你写下来。

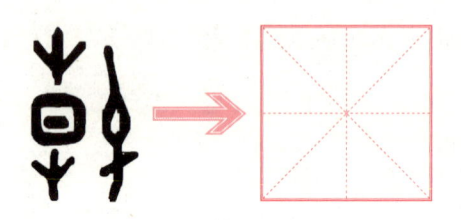

"春"的甲骨文，左部上下是小草，中间表示太阳；右部像一颗种子，上面冒芽，下面生根，表示种子萌芽扎根。

2.找一找：此诗中描写桃花的两句，藏在下面的多宫格中，请你找到并写下来。

人	世	间	高	四	月
山	芳	寺	界	菊	菲
星	始	树	开	亮	柳
盛	桃	晨	尽	花	月

答案：1.春 2.人间四月芳菲尽，山寺桃花始盛开。

第二辑 四季诗情

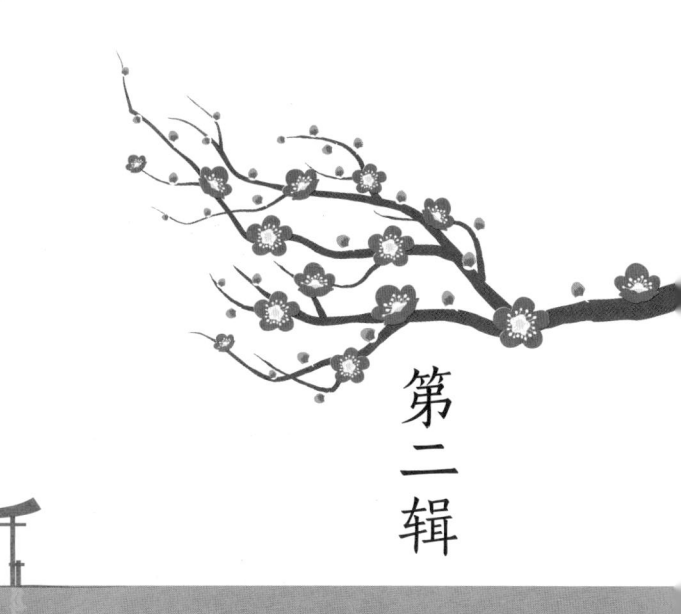

第11课

立春偶成①

〔宋代〕张栻

律回②岁晚③冰霜少，
春到人间草木知。
便觉眼前生意满④，
东风⑤吹水绿参差⑥。

字词小贴士

① 偶成：偶然写成。　② 律回：指正月，也指立春。　③ 岁晚：写这首诗时立春在年前，民间称作内春，所以叫岁晚。　④ 生意满：指春天生机勃勃。　⑤ 东风：指春风。　⑥ 参差（cēn cī）：不齐的样子，这里指水波荡漾。

诗文转换站

　　立春了，天气渐渐转暖，冰冻霜雪的寒冷天气已经很少了，春天的到来，连草木都知道了。

　　只发觉眼前一片绿色，充满了春天的生机，一阵春风吹来，碧绿的水面泛起层层波纹。

诗词赏析评

　　这是一首节令诗。诗人描绘出一幅生机勃勃的春日图景，表现出对充满希望的春天的渴望。

　　"律回岁晚冰霜少，春到人间草木知"，写立春节气到来时的景象：冰霜渐渐融化，温度渐渐回升，冬眠的小动物蠢蠢欲动，花草树木都感觉到了春的信息，万物仿佛从沉睡中睁开了眼睛。"冰霜少"写出立春以后天气逐渐暖和；"草木知"写出冬眠的蛰虫将要苏醒，草木将要萌发抽芽。

　　"便觉眼前生意满，东风吹水绿参差"，写出诗人的想象：走到室外，满目清新，仿佛看见了绿树红花，一派生机勃勃的春景；又好像看到春风吹过宽广的湖面，水面上波光粼粼。

诗词趣味多

　　1.律回：一年中的第一个月，也就是正月。古代以十二律吕与月份相对，"律回"表示新周期的开始，所以指的是一月。立春往往在十二月与一月之交，所以也称"律回"。

　　2.立春：二十四节气之一，"立"是"开始"的意思，"立春"就是春季的开始。立春又名正月节、岁节、改岁、岁旦等，为二十四节气之首，标志着万物生长的春季已经到来。

智慧修炼场

1. 飞花令：写出四句首字为"春"的诗句。

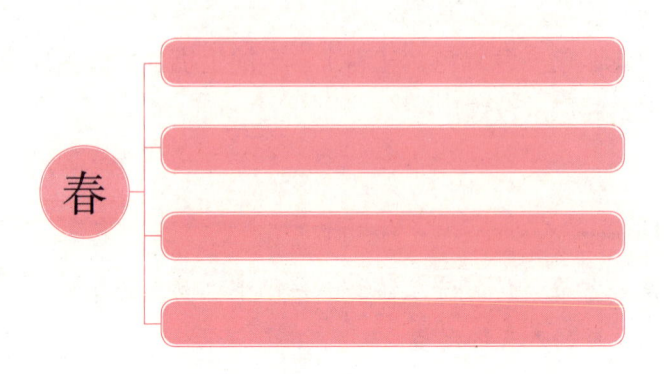

2. 选一选：春天到了，动物植物总是先感知到。下面哪一句与"律回岁晚冰霜少，春到人间草木知"的意蕴相似呢？（　　）

A.黄四娘家花满蹊，千朵万朵压枝低。

B.竹外桃花三两枝，春江水暖鸭先知。

C.迟日江山丽，春风花草香。

诗人小档案　张栻（1133—1180），字敬夫，又字乐斋，号南轩，汉州绵竹（今四川省绵竹市）人。南宋初期理学家、教育家。与朱熹、吕祖谦齐名，世称"东南三贤"。

答案：1.例：春眠不觉晓，春花秋月何时了，春要闹处怒方长，春风又绿江南岸。2.B

秋 词

〔唐代〕刘禹锡

自古逢秋悲①寂寥②，
我言秋日胜春朝③。
晴空一鹤排云④上，
便引诗情⑤到碧霄⑥。

> **字词小贴士**
>
> ① 悲：悲叹。　② 寂寥：萧条空寂。　③ 春朝（zhāo）：指春天。　④ 排云：冲破白云。　⑤ 诗情：作诗的情绪、兴致。　⑥ 碧霄：青天。

诗文转换站

自古以来，人们每到秋天都爱悲叹秋天的萧条、清寂，我却觉得秋天要胜过春天。

秋高气爽，万里晴空，一只振翅高飞的鹤冲破云霄，引发我的诗兴也随之飞向万里碧空。

诗词赏析评

诗人刘禹锡参加革新运动失败，因此被降职为朗州司马，他在遭受严重打击后，并没有消沉下去，作此诗抒发感情。

"自古逢秋悲寂寥，我言秋日胜春朝"，诗人通过"自古"和"逢"两词写明前人悲秋的观念，随后直接表明自己的观点。"秋日胜春朝"，用对比手法，热情赞美秋天，说秋天比那欣欣向荣的春天更胜一筹。

"晴空一鹤排云上"，诗人抓住秋天"一鹤凌云"的景象，展现了万里晴空下一只白鹤直冲云霄的画面，极具美感。"排"字，写出鹤一飞冲天的气势。这句不仅仅表现出秋天的生机和景色，更多表现的是诗人高昂的精神和豁达的胸襟。

"便引诗情到碧霄"，诗人看到这一壮美的情境，心中那激荡澎湃的诗情勃发，跟随着凌云的鹤，一同到了云霄去遨游。诗人乐观的情怀、昂扬的斗志呼之欲出。

诗词趣味多

1.司马：古代掌管军政和兵赋的重要官职。古代常以官职为姓。"司马"，复姓，是中华姓氏之一。例如：司马光，姓司马，名光。

2.《秋词》是刘禹锡所写的组诗。上面诗是其一,请欣赏其二:

　　山明水净夜来霜,数树深红出浅黄。

　　试上高楼清入骨,岂如春色嗾人狂。

智慧修炼场

1.选一选:下列诗句中,哪一句不是描写秋天的?（　）

A.晴空一鹤排云上,便引诗情到碧霄。

B.银烛秋光冷画屏,轻罗小扇扑流萤。

C.绿遍山原白满川,子规声里雨如烟。

D.风急天高猿啸哀,渚清沙白鸟飞回。

2.连一连下面是描写秋天的诗句,你能帮助它们找到作者吗?

①空山新雨后,天气晚来秋。　　　　A.马致远

②枯藤老树昏鸦,小桥流水人家。　　B.叶绍翁

③萧萧梧叶送寒声,江上秋风动客情。　C.王维

诗人小档案

刘禹锡(772—842),字梦得,洛阳(今河南省洛阳市)人,唐代中期哲学家、诗人。刘禹锡与柳宗元并称"刘柳";与白居易并称"刘白";与韦应物、白居易合称"三杰"。留下《陋室铭》《竹枝词》《杨柳枝词》《乌衣巷》等名篇。其哲学著作《天论》三篇,论述"天"的物质性,分析"天命论"产生的根源,具有唯物主义思想。

答案:1.C 2.①—C;②—A;③—B

客中①初夏

〔宋代〕司马光

四月清和②雨乍晴,
南山当户③转分明。
更无柳絮因风起,
惟有④葵花向日倾。

字词小贴士

① 客中：旅居他乡作客。　② 清和：天气清明而和暖。　③ 南山当户：正对门的南山。　④ 惟有：仅有，只有。

诗文转换站

四月正是初夏时节，天气清明和暖，一场雨过后天刚刚放晴，这时正对门的南山更加明净、青翠怡人。

此时眼前没有随风飘扬的柳絮，只有葵花朝向太阳开放。

诗词赏析评

王安石变法时期，诗人因与王安石政见不合，竭力反对变法，因而被迫离开汴京。这首诗是诗人退居洛阳时的作品。此诗描写了初夏时节的景色。

"四月清和雨乍晴，南山当户转分明"，描述了雨后，正对门的南山变得更加明净、青翠怡人了。

"更无柳絮因风起"，描述眼前没有随风飘荡的柳絮这一情景。诗人把王安石等人比作"柳絮"，言明自己不是因风起舞的柳絮，寄托了诗人决不在政治上投机取巧、随便附和的心志。

"惟有葵花向日倾"，描写葵花向着太阳开放这一景象，用"葵花"自比，表达诗人对君王和国家的一片忠心。

诗词趣味多

王安石变法：发生在宋神宗时期的变革。王安石发动改革的目的在于改变北宋建国以来积贫积弱的局面。然而法令颁行不足一年，拥护与反对的两派就展开了激烈的论辩及斗争，史称"新旧党争"。王安石变法最终以失败告终。

智慧修炼场

1.猜一猜：下面的谜语是诗中的哪一个字？

云儿见它让路，小树见它招手，禾苗见它弯腰，花儿见它点头。（打一自然事物）

2.找一找：此诗中的一句藏在下面的多宫格中，请你找到并写下来。

四	毕	清	竟
乍	西	六	晴
歌	休	月	舞
和	湖	时	雨

诗人小档案

司马光（1019—1086），字君实，号迂叟，陕州夏县涑水乡（今山西省运城市）人，世称涑水先生。北宋时期著名政治家、史学家、文学家。为人温良谦恭、刚正不阿，其人格堪称儒学教化下的典范，历来受人景仰。主持编纂了中国历史上第一部编年体通史《资治通鉴》。

答案：1.风。 2.四时清晓湖六月中

秋凉晚步

〔宋代〕杨万里

秋气堪悲未必然，
轻寒正是可人①天。
绿池落尽红蕖②却③，
荷叶犹④开最小钱⑤。

字词小贴士

① 可人：合人意。 ② 红蕖（qú）：红荷花。 ③ 却：开尽。 ④ 犹：尚且。 ⑤ 最小钱：新出荷叶像小铜钱那么大。

诗文转换站

人们以为秋天的景色很悲凉，其实未必是这样，有一点寒意正是气候宜人的季节。

绿色池塘里的红色荷花虽然都落尽了，但还有新长出来的如铜钱那样又圆又小的荷叶。

诗词赏析评

这首诗由于诗人观察细致入微，描写生动逼真，感情真挚浓厚而意趣盎然，充分表现了诗人乐观、豁达、热爱生活的人生态度。

"秋气堪悲未必然，轻寒正是可人天。"人们都认为秋天景物萧瑟令人感到悲凉，而诗人从另一个角度看，秋天比起夏天温度降低了，有点微凉，很是舒适。"可人"二字写出诗人内心的欣喜。

"绿池落尽红蕖却，荷叶犹开最小钱。"这两句描写了绿池中荷花落尽、荷叶新生的景色，看似是对寻常景物的描写，诗人却仿佛看到了衰落表象背后孕育着的新希望。

诗词趣味多

1.铜钱：古代货币的一种。中国历代古钱币大多数是以铜合金形式铸造的，方孔钱（铜币）是古代钱币中最常见的一种。

2.金文：中国古代的一种书体名称，指的是铸造在殷商与周朝青铜器上的铭文，也叫钟鼎文。金文应用的年代，上自商代末期，下至秦灭六国时，约800多年。

智慧修炼场

1.猜一猜：下面的金文是诗中的哪一个字？请你写下来。

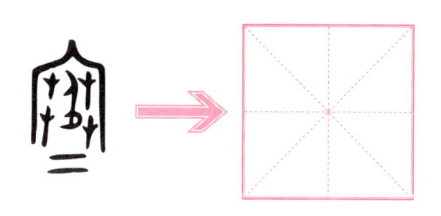

"寒"的金文像一个人睡在屋下保暖的草褥里。下面的两横是"仌"，即"冰"的变形，表示秋冬时节屋里的水已经结冰。

2.连一连：下面的诗句均出自杨万里的作品，请你帮助找一找作品的名称吧。

①小荷才露尖尖角，　　　　A.《晓出净慈寺送林子方》
　早有蜻蜓立上头。

②接天莲叶无穷碧，　　　　B.《新柳》
　映日荷花别样红。

③儿童急走追黄蝶，　　　　C.《小池》
　飞入菜花无处寻。

④未必柳条能蘸水，　　　　D.《宿新市徐公店》
　水中柳影引他长。

答案：1.寒　2.①—C；②—A；③—D；④—B

秋登宣城谢朓北楼①

〔唐代〕李白

江城②如画里,山晚望晴空。
两水③夹明镜④,双桥⑤落彩虹⑥。
人烟⑦寒橘柚,秋色老梧桐。
谁念北楼上,临风怀谢公⑧。

字词小贴士

① 谢朓（tiǎo）北楼：即谢朓楼，为南朝齐诗人谢朓任宣城太守时所建，故址在陵阳山顶，是宣城的登览胜地。　② 江城：泛指水边的城，这里指宣城。　③ 两水：指宛溪、句溪。　④ 明镜：指拱桥桥洞和它在水中的倒影合成的圆形，像明亮的镜子一样。　⑤ 双桥：指宛溪上的凤凰桥和句溪上的济川桥。　⑥ 彩虹：指桥在水中的倒影。　⑦ 人烟：人家里的炊烟。　⑧ 谢公：指谢朓。谢朓是李白很佩服的诗人。

诗文转换站

宣城好像在画中一样美丽，天色渐晚，我登上谢朓楼远眺晴空。

两条江映出的桥洞的倒影，与桥洞拼出一面明亮的镜子，凤凰桥和济川桥好似落入人间的彩虹。

村落间泛起的薄薄炊烟缭绕于橘柚树间，深秋时的梧桐变得枯黄衰老。

除了我还有谁会想着到谢朓北楼来，迎着秋风怀念谢先生呢？

诗词赏析评

"江城如画里，山晚望晴空"，诗人开头把他登览时所见景色概括地写了出来。

"两水夹明镜，双桥落彩虹"，这两句具体写"江城如画"。"夹"字用词精准、形象。双桥倒映水中，从高楼上远远望去，在余晖照射下，水中的桥影幻映出美丽的色彩，简直像是天上的两道彩虹。"明镜"与"彩虹"，体现了诗人想象的丰富奇妙。

"人烟寒橘柚,秋色老梧桐",这两句具体写"山晚晴空"。秋天的傍晚,原野是静寂的,山冈一带的丛林里冒出一缕缕的炊烟,深碧的橘柚、微黄的梧桐,呈现出苍凉的秋色。诗人抓住了刹那间的感受,用凝练的语言勾勒出深秋的轮廓。这两句不仅写出了秋景,而且写出了秋意。

"谁念北楼上,临风怀谢公。"结尾两句直抒胸臆,诗人将自己的孤独之情表达了出来。

诗词趣味多

1.谢朓北楼:是南齐诗人谢朓任宣城太守时所建,又名"谢公楼",唐时改名"叠嶂楼",位于今安徽省宣城市陵阳山巅,是宣城的游览胜地。

2.梧桐树:也叫凤凰树,取"家有梧桐树,引来金凤凰"之意,寄托着人们的美好愿望。在中国古诗词中常象征高洁品格、忠贞爱情及孤独忧愁。

智慧修炼场

1.写一写:诗中哪两句写出谢朓北楼"江山如画里"?

_____

2.选一选:"人烟寒橘柚,秋色老梧桐"中的"梧桐"这一意象( )

A.象征高尚的品格。
B.象征忠贞的爱情。
C.象征孤独忧愁。

答案:1.两水夹明镜,双桥落彩虹。 2.C

春日偶成

〔宋代〕程颢

云淡①风轻近午天②,
傍花随③柳过前川④。
时人不识⑤余⑥心乐,
将谓⑦偷闲学少年。

字词小贴士

① 云淡：云层淡薄，指晴朗的天气。　② 午天：中午。　③ 随：伴随。　④ 川：瀑布或河畔。　⑤ 识：识别，感受。　⑥ 余：我。　⑦ 将谓：就以为。

诗文转换站

淡淡的云在天上飘，风儿吹拂着脸庞，此时已经接近中午，我穿行于花丛之中，沿着绿柳，不知不觉过了前面的河。

人们不理解我此时的快乐，还以为我在学少年的样子，在大好时光里偷偷跑出来贪玩呢。

诗词赏析评

这是一首即景诗，描写春天郊游的心情及春天的景象。诗人用白描的手法把柔和明丽的春光同自己自得其乐的心情融为一体，体现了一种闲适恬静的意境。

"云淡风轻近午天，傍花随柳过前川"，诗人用寥寥数笔，不仅勾画出了春景，而且强调了动感。"近午天"，用"近"来强调自己只顾春游忘了时间。"过前川"不是简单地描写自己向河岸漫步的情况，而是用"过"来强调自己在春花绿柳的伴随下不知不觉已经走了很远。这样，这两句诗看似描写"云""风""花""柳"等自然景观和诗人喜爱它们的心情，实际反映出诗人在大自然中怡然自得的心情。

"时人不识余心乐，将谓偷闲学少年"，主要是诗人内心情感的直接抒发，表现诗人不被理解的无奈和不求他人理解的洒脱。

诗词趣味多

1.云淡风轻：意思是微风轻拂，浮云淡薄，形容天气晴好。这个成语的出处即本诗。

2.程朱理学：宋明理学的主要派别之一，有时会被简称为"理学"，与"心学"相对。"程朱理学"是宋朝以后由程颢、程颐、朱熹等人发展出来的儒学流派。

智慧修炼场

1.猜一猜：你来猜一猜下面的甲骨文是诗中的哪一个字？请你写下来。

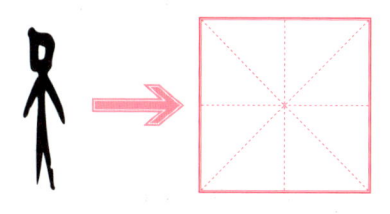

"天"字的甲骨文，像一个正面而立的人，突出了头的部分，该部分后来才简化为一横。本义是人的头顶，又表示人头顶上方的无边苍穹，引申出"天空""太空"等义，与"地"字相对。

2.选一选：下面哪一首诗的作者也是程颢？请你把它找出来吧。（　　）

A.《小池》　　B.《秋日》　　C.《梅花》

诗人小档案

程颢（hào）（1032—1085），字伯淳，世称明道先生，洛阳（今河南省洛阳市）人。北宋著名的理学家，北宋"理学五子"之一，与其弟程颐合称"二程"。二人创立的学说世称"洛学"，是理学中的重要派别。他的学说以"穷理"为主，认为"天下之物皆能穷，只是一理""一物之理即万物之理"。其著作有《定性书》《识仁篇》等，后人集"二程"言论和著作辑《二程遗书》。

答案：1.天　2.B

逢①雪宿②芙蓉山③主人④

〔唐代〕刘长卿

日暮⑤苍山远⑥,
天寒白屋⑦贫。
柴门闻犬吠⑧,
风雪夜归人⑨。

字词小贴士

① 逢：遇上。 ② 宿：投宿；借宿。 ③ 芙蓉山：各地以"芙蓉"为山名的非常多，这里大约是指湖南桂阳或宁乡的芙蓉山。 ④ 主人：指留诗人借宿的人。 ⑤ 日暮：傍晚的时候。 ⑥ 苍山远：青山在暮色中显得很远。 ⑦ 白屋：未加修饰的简陋茅草房，一般指贫苦人家。 ⑧ 犬吠：狗叫。 ⑨ 夜归人：夜间回来的人。

诗文转换站

傍晚的时候山色苍茫，越来越觉得路途遥远。天气寒冷，这所简陋的茅屋显得更加清贫。

半夜里忽听到柴门外传来狗叫声，原来是有人冒着风雪回家来了。

诗词赏析评

这首诗用非常简练的语言，描绘出一幅旅客夜宿、主人雪夜归来的画面。

"日暮苍山远"勾画出一个暮色苍茫、山路漫长的画面。"天寒白屋贫"是对这户借宿人家的写照。日暮时分，漫长的山路就更觉得遥远；简陋的茅屋，本来已经使人感到境况贫穷，时逢寒冬，就更显出贫穷。

"柴门闻犬吠，风雪夜归人"两句写的是借宿以后的事。"闻犬吠"，在夜间，山行劳累的旅人多半已经就寝；"风雪"意味着艰辛与寒冷，而能得以"夜归"，却包含着归来后的温馨。

全诗运用白描手法，语言朴实自然，具有悠远的意境和无穷的韵味。

诗词趣味多

1.古代有很多表示时间的词语。你都知道它们表示哪些时间吗?

日中:表示中午。

隅中:表示将近中午。

暝、暮:表示傍晚。

昃:太阳西斜。

日入:太阳落山。

中夜:指半夜时分。

夜阑:指深夜时分。

2.门:"门"的古字形像两扇大门,本义指房屋的两扇外门。

智慧修炼场

1.飞花令:根据给出的首字,补充含"风"的诗句。

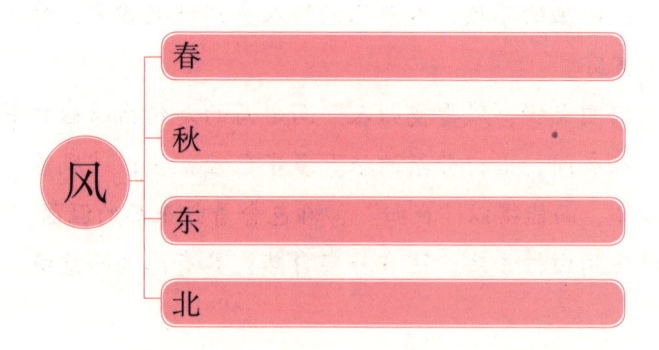

风
- 春
- 秋
- 东
- 北

2.连一连：下面描写雪的诗句，你能帮助它们找到作品吗？

①孤舟蓑笠翁，　　　　　A.《白雪歌送武判官归京》
　独钓寒江雪。

②千里黄云白日曛，　　　B.《江雪》
　北风吹雁雪纷纷。

③忽如一夜春风来，　　　C.《别董大二首·其一》
　千树万树梨花开。

> **诗人小档案**
>
> 刘长卿，生卒年不详，字文房，祖籍宣城（今属安徽），家居洛阳。唐代大臣、诗人。工于诗，长于五言，自称"五言长城"。因官至随州刺史，世称"刘随州"。有名作《逢雪宿芙蓉山主人》。

夜 雪

〔唐代〕白居易

已讶①衾②枕冷,
复见窗户明。
夜深知雪重③,
时闻④折竹声⑤。

字词小贴士

① 讶：惊讶。　② 衾（qīn）：被子。　③ 雪重：指雪下得很大。　④ 闻：听到。　⑤ 折竹声：指大雪压断竹子的声响。

诗文转换站

　　被子枕头竟然冰冷，今夜的寒冷令我惊讶，窗户被白雪映出的光照亮。

　　夜深了，我知道屋外大雪还在下着，不时能听到厚厚的积雪压断竹子的声音。

诗词赏析评

　　在这首诗中，诗人运用侧面烘托的手法，通过触觉、视觉、听觉的角度来描写"夜雪"，透露出谪居江州的孤寂心情。

　　"已讶衾枕冷，复见窗户明"，先从人的触觉写起，"冷"不仅点出有雪，而且暗示雪大。"讶"也是在写雪，人之所以起初浑然不觉，待寒冷袭来才忽然醒悟，皆因雪落地无声，这就于"寒"之外写出雪的又一特点。"复见窗户明"，从视觉的角度进一步写夜雪。夜深却见窗明，正说明雪下得大、积得深，是积雪的强烈反光给暗夜带来了亮光。这两句全用侧面描写，句句写人，却处处点出夜雪。

　　"夜深知雪重，时闻折竹声"，由传来的积雪压断竹枝的声音，可知雪势有增无减，从听觉写出雪大。"折竹声"于"夜深"而"时闻"，衬托冬夜的寂静，写出了诗人的彻夜无眠，透露出诗人谪居江州时心情的孤寂。

诗词趣味多

户:"户"的古字形像一扇门,本义指单扇的门,引申为房屋的出入口。

智慧修炼场

1.选一选:下面哪一句从听觉方面来描写雪大?( )

A.已讶衾枕冷

B.复见窗户明

C.夜深知雪重

D.时闻折竹声

2.选一选:下面哪些诗句的作者是白居易?请你选出来。( )

A.日出江花红胜火,春来江水绿如蓝。

B.野火烧不尽,春风吹又生。

C.月落乌啼霜满天,江枫渔火对愁眠。

D.人间四月芳菲尽,山寺桃花始盛开。

答案:1.D 2.ABD

春日五首（其一）

〔宋代〕秦观

一夕轻雷落万丝①，
霁光②浮瓦③碧参差④。
有情芍药⑤含春泪⑥，
无力蔷薇卧晓枝。

字词小贴士

① 丝：这里指落下来的雨像丝一样。　② 霁（jì）光：雨天之后明媚的阳光。霁，雨后放晴。　③ 浮瓦：这里指晴光照在瓦上。　④ 参差：高低错落的样子。　⑤ 芍药：一种草本植物，这里指芍药花。　⑥ 春泪：这里指雨点。

诗文转换站

昨夜一声春雷之后，落下绵绵细雨。雨后初晴，阳光照在刚刚被雨洗过的苍翠的瓦片上，看上去错落有致。

经历春雨的芍药花上挂满雨露，仿佛含着泪珠。柔弱无力的蔷薇花横卧在清晨的花枝上。

诗词赏析评

这首诗写雨后春景。全诗构思绵密，描摹传神，自具一种清新、婉丽的韵味。

"一夕轻雷落万丝，霁光浮瓦碧参差。"雷是"轻"的，雨如"丝"般，诗人只用两个字就把春雨的特色写出来了。那碧绿的琉璃瓦被春雨洗得干干净净，瓦上还沾有水珠，在朝阳的辉映下，浮光闪闪。

"有情芍药含春泪，无力蔷薇卧晓枝。"诗人综合运用对仗、拟人手法，描绘了雨后两种花的娇艳形态：芍药亭亭玉立，蔷薇攀枝蔓延。

本诗在意境上以"春愁"统摄全篇，虽不露一"愁"字，但可从芍药、蔷薇感受到"愁"。这首诗也体现了诗人由于宦途艰险而形成的多愁善感的性格。

诗词趣味多

1. "夕"的传说："夕"是古代汉族神话传说中的恶兽。它在每年的年关都要出来伤人，连保护老百姓的灶王爷也拿它没办法。于是灶王爷上天请来了一位叫"年"的神童。神童法力高强，用红绸和放在火中烧得噼啪作响的竹竿消灭了夕兽。这一天正好是腊月的最后一天，老百姓为了感谢和纪念年在这一天除掉了夕，就把每年农历的最后一天叫"除夕",把新年的第一天叫作"过年"。百姓希望家家都有红绸和爆竹,于是红绸和放在火中烧的竹竿逐渐演变成了家家户户过年时都有的红对联、红鞭炮。

2.秦观笔下的"有情芍药含春泪,无力蔷薇卧晓枝",李白笔下的"一枝红艳露凝香",白居易笔下杨贵妃的"侍儿扶起娇无力",这几句有异曲同工之妙。

智慧修炼场

1.写一写:诗中哪句描写了春雨后花的状态?请你写下来。

2.画一画:请你把诗中描绘的春日景色画下来吧。

诗人小档案

秦观(1049—1100),字少游,一字太虚,号淮海居士,高邮(今属江苏)人。北宋婉约派词人。秦观善诗赋策论,与黄庭坚、晁补之、张耒合称"苏门四学士"。著有《淮海集》《劝善录》《逆旅集》等。

答案:1.有情芍药含春泪,无力蔷薇卧晓枝。 2.略。

山亭①夏日

〔唐代〕高骈

绿树阴浓②夏日长,
楼台倒影入池塘。
水精帘③动微风起,
满架蔷薇④一院香。

字词小贴士

① 山亭：山上的亭子。　② 浓：指树丛的阴影很稠密。　③ 水精帘：一种珠帘，又称"水晶帘"，质地精细而色泽莹澈。比喻晶莹华美的帘子。　④ 蔷薇：植物名。落叶灌木，茎细长，蔓生，枝上密生小刺，羽状复叶，小叶呈倒卵形或长圆形，花为白色或淡红色，有芳香。

诗文转换站

绿树郁郁葱葱，树荫稠密，夏日白昼漫长，楼台的倒影映入池塘，宛若镜中美景。

微风轻拂，水波荡漾，好像晶莹华美的帘幕轻轻摆动，满架的蔷薇艳丽夺目，院中弥漫着阵阵清香。

诗词赏析评

这是一首描写夏日风光的七言绝句，写出了夏日山亭的悠闲与宁静，表达了诗人对夏日乡村风景的热爱和赞美之情。

"绿树阴浓夏日长"，"浓"除有树荫稠密之意外，还有深浅之"深"意在内，即树荫密而且深。

"楼台倒影入池塘"，"入"字写出了动感，也写出了山亭与池塘交相辉映的互动感。

"水精帘动微风起"写出烈日照耀下的池水晶莹透澈，微风吹来，水光潋滟，碧波粼粼。诗人用"水精帘动"来比喻这一景象。诗人先看见池水波动，然后才感觉到起风了。

"满架蔷薇一院香"，诗人又从嗅觉角度来写夏日。正当诗人陶醉于这夏日美景的时候，忽然飘来一阵花香，沁人心脾。

诗词趣味多

请欣赏杨万里《闲居初夏午睡起》：

梅子留酸软齿牙，芭蕉分绿与窗纱。
日长睡起无情思，闲看儿童捉柳花。

"绿树阴浓夏日长"与"日长睡起无情思"，有异曲同工之妙。

智慧修炼场

1.写一写：你最喜欢诗中的哪一句或哪几句？请你把它写下来。

_____

2.选一选：下面哪一项的诗句是描写夏季的？请你找出来吧。
（ ）

A.荷风送香气，竹露滴清响。

B.萧萧梧叶送寒声，江上秋风动客情。

C.孤舟蓑笠翁，独钓寒江雪。

诗人小档案

高骈（pián）（821—887），字千里，幽州（今北京市西南）人。高骈能诗，被称为"雅有奇藻"。他身为武臣而好文学，被称为"落雕侍御"。《全唐诗》编其诗一卷。

答案：1.略 2.A

第三辑 托物言志

竹 石

〔清代〕郑燮

咬定①青山不放松,
立根②原在破岩③中。
千磨万击④还坚劲⑤,
任⑥尔⑦东西南北风。

字词小贴士

① 咬定：咬紧。　② 立根：扎根。　③ 破岩：裂开的山岩，即岩石的缝隙。　④ 千磨万击：指无数的磨难和打击。　⑤ 坚劲（jìng）：坚强有力。　⑥ 任：任凭，无论，不管。　⑦ 尔：你。

诗文转换站

　　岩竹紧紧长在青山上毫不放松，原来是由于它的根深深地扎在了岩石缝隙中。

　　它历经无数的磨难和打击，却仍然坚强有力，无论风有多大，它都屹立不倒。

诗词赏析评

　　这是一首题画诗，是诗人为自己所画竹石图题的诗。这首诗在赞美岩竹的坚劲顽强的同时，隐寓了诗人刚正不阿、蔑视世俗偏见的刚劲风骨。

　　"咬定青山不放松"，诗人把一个牢牢生长在青山上的挺拔的翠竹形象展现在读者面前。"咬"字是拟人手法，表现出了竹子那种不畏艰辛，与大自然抗争的精神。

　　"立根原在破岩中"写出了翠竹能傲然挺立于青山之上，是因为它的根深深扎在破裂的岩石之中。

　　"千磨万击还坚劲，任尔东西南北风。"由于竹子深深扎根于岩石之中，什么样的风都对它无可奈何。诗人用"千""万"两字写出了竹子那种坚韧无畏、从容自信的神态。

诗词趣味多

　　1.题画诗：是一种艺术形式。中国画的空白处，往往由画家本人或他人题上一首诗。诗的内容或抒发作者的感情，或谈论艺术的见地，或咏叹画面的意境。

　　题画诗也是绘画章法的一部分，它通过书法将见解或情感表现到绘画中，使诗、书、画三者之美巧妙地结合起来，增强了作品的形式美感，构成了中国画的艺术特色。

2.竹:"花中四君子"之一。竹,枝杆挺拔、修长、中空,象征君子坚强、谦逊的品格。

智慧修炼场

1.选一选:下列诗句中哪句着重写出了竹不怕任何磨难、坚韧无畏的精神?( )

A.竹树无声或有声,霏霏漠漠散还凝。

B.千磨万击还坚劲,任尔东西南北风。

2.飞花令:你能写出其他包含"竹"字的诗句吗?

诗人小档案

郑燮(xiè)(1693—1765),字克柔,号板桥,江苏兴化人。清代书画家、文学家。他的书法用隶体掺入行楷,自称"六分半书",人称"板桥体"。他的诗、书、画世称"三绝"。其画在画坛上独树一帜,为"扬州八怪"之一。

蝉

〔唐代〕虞世南

垂緌④饮清露②,
流响③出疏④桐。
居高声自远,
非是藉⑤秋风。

> **字词小贴士**

① 垂緌（ruí）：这里指蝉的触须。原本指古人结在颔下的帽缨下垂的部分，由于蝉的触须与其形似，所以被称作"垂緌"。　② 清露：纯净的露水。古人认为蝉生性高洁，栖高饮露，故说"饮清露"。　③ 流响：指连续不断的蝉鸣

声。　④ 疏：开阔、稀疏。　⑤ 藉（jiè）：凭借。

诗文转换站

蝉垂下帽缨一样的触角，吮吸着清澈甘甜的露水，鸣叫声清脆而响亮，回荡在稀疏的梧桐树枝间。

蝉在高高的梧桐枝上鸣叫，声音自然传得远，并不是凭借了秋风的力量。

诗词赏析评

这首托物言志的小诗，是唐人咏蝉诗中成诗时间最早的一首，很为后世人所称道。

"垂緌饮清露"，这一句表面上是写蝉的外形与食性，实际上用了象征的写作手法。"垂緌"暗示高贵，"饮清露"象征着蝉生性高洁。这"贵"与"清"的统一，正是为三、四两句的"清"无须靠"贵"作铺垫。

"流响出疏桐"写蝉声传得远。"流响"形容蝉声长鸣不已，悦耳动听。"出"字，把蝉的声音形象化了，使人感受到蝉声的响亮。

"居高声自远，非是藉秋风"，这是全篇比兴寄托的点睛之笔。蝉声远传，一般以为是借助于秋风的传送，诗人却强调这是由于"居高"而自能致远。这句表明品格高洁的人（"清"），并不需要借助外部力量（"贵"），自能声名远播。

诗词趣味多

蝉：俗称"知了"，昆虫，种类很多。幼虫生活在土里；成虫刺吸植物的汁，夏天在树枝上鸣叫。雄性成虫腹部有发音器，能连续不断发出尖锐的声音。

古人认为蝉登高饮露、随风长吟，是极有寓意的昆虫。《寒蝉赋》中甚至总结了它"文、清、廉、俭、信"五种如君子般的品德。

智慧修炼场

1.写一写：诗中哪两句象征了"品格高洁的人，并不需要某种外在的凭借，自能声名远播"？请你写下来。

_____

2.猜谜语：夏天喜热闹，总爱说知道。唱歌腰出声，嘴吸植物汁。（打一昆虫）

_____

诗人小档案

虞世南（558—638），字伯施，越州余姚（今浙江省慈溪市）人。南北朝至隋唐时期书法家、文学家、政治家，"凌烟阁二十四功臣"之一。虞世南善书法，与欧阳询、褚遂良、薛稷合称"初唐四大家"。其编纂的《北堂书钞》被誉为"唐代四大类书"之一，是中国现存最早的类书之一。

答案：1.居高声自远，非是藉秋风。 2.蝉

第23课

白 梅

〔元代〕王冕

冰雪林中著①此身②,
不同桃李③混④芳尘⑤。
忽然一夜清香发⑥,
散作乾坤⑦万里春。

字词小贴士

① 著（zhuó）：放进，置入。　② 此身：指白梅。　③ 桃李：桃花和李花。　④ 混：混杂。　⑤ 芳尘：芳香与尘垢。　⑥ 清香发：指梅花开放，香气传播。　⑦ 乾坤：天地。

诗文转换站

白梅生长在冰天雪地里，寒冬时节，独自傲然绽放，不与春天盛开的桃花李花混同在芳香与尘垢中。

白梅忽然在某个夜里盛开，清香散发出来，竟散作了天地间的万里新春。

诗词赏析评

这是一首题画诗，通过对梅花的描写，表达了诗人坚持理想操守，不与世俗同流合污的品质。

"冰雪林中著此身"，用环境寒冷（冰雪）衬托梅花的坚毅耐寒。诗人运用比喻，将自己比作寒冬中伫立的梅树。

"不同桃李混芳尘"，将梅花与桃李对比，表达诗人绝不与世俗同流合污的志向。

"忽然一夜清香发，散作乾坤万里春。"后两句融入了诗人的想象：一夜之间，世间的白梅忽然都绽放飘香，弥漫整个大地。

诗词趣味多

乾坤：道教文化术语，具有多种含义。

①本指《易》的乾卦和坤卦，由此引申代指天地、日月、阴阳、刚柔、国家、江山、大局、帝后等。

②中国古代哲人对世界的一种理解。有学者解释《周易·系辞上》认为乾卦通过变化来显示智慧，坤卦用简单来显示能力，把握变化和简单，就把握了天地万物之道。

智慧修炼场

1.选一选：学习《白梅》后，你认为下面的选项正确的有（　　）

A.这是一首赞美梅花的诗。

B.这是一首赞美桃李的诗。

C.这首诗借梅花的高洁来表达自己不与世俗同流合污的志向。

2.飞花令：你能写出三句含有"梅"的诗句吗？

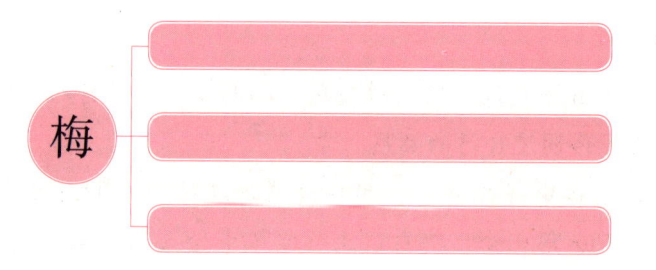

诗人小档案

王冕（？—1359），字元章，号煮石山农、梅花屋主等，诸暨（今属浙江）人。元末著名画家、诗人。能诗善画，尤工墨梅，别具清新风格。诗自然质朴，不拘常格，多反映民间疾苦。有《竹斋集》。

答案：1.AC。2.例：墙角数枝梅，凌寒独自开。／／闻道梅花坼晓风，雪堆遍满四山中。／／梅须逊雪三分白，雪却输梅一段香。

画 菊

〔宋代〕郑思肖

花开不并①百花丛,
独立疏篱②趣未穷③。
宁可枝头抱香死④,
何曾⑤吹落北风⑥中。

> **字词小贴士**
>
> ① 不并:不合,不靠在一起。并,一起。 ② 疏篱:稀疏的篱笆。 ③ 未穷:未尽,无穷无尽。 ④ 抱香死:菊花开败后不凋落,仍系枝头而枯萎,所以说"抱香死"。 ⑤ 何曾:哪曾,不曾。 ⑥ 北风:寒风。此处语意双关,亦指元朝的残暴势力。

第三辑 托物言志

诗文转换站

菊花不与其他花一同开放,而是独自开在稀疏的篱笆旁边,它的意趣情操并不因此而衰败穷尽。

它宁可在枝头上怀抱着清香枯萎而死,也决不会被吹落于凛冽寒风之中。

诗词赏析评

这首诗写于南宋灭亡以后,与一般赞颂菊花的古诗不同,它寄托了诗人的人生遭遇和理想追求,表达了诗人忠贞爱国的民族气节。

"花开不并百花丛,独立疏篱趣未穷",描写菊花不与百花同时开放,而是独自开在稀疏的篱笆边。"独""趣未穷",表达诗人要像菊花一样不随俗、不媚时。

"宁可枝头抱香死,何曾吹落北风中",这两句进一步写菊花宁愿枯死枝头,也决不被北风吹落的高洁之志,表达诗人坚守高尚节操,宁死不肯向元朝投降的决心。

诗词趣味多

下面也是一首写菊花的名诗。通篇没有写一个"菊"字,却句句写菊。诗人赋予了菊花不求高位、不慕名利的品质。

菊

〔唐代〕郑谷

王孙莫把比蓬蒿,九日枝枝近鬓毛。
露湿秋香满池岸,由来不羡瓦松高。

智慧修炼场

1.选一选：下面哪句与诗句"宁可枝头抱香死，何曾吹落北风中"表达的意思不同？（　　）

A.尘世难逢开口笑，菊花须插满头归。

B.宁可抱香枝上老，不随黄叶舞秋风。

C.零落黄金蕊，虽枯不改香。

2.连一连：下面都是描写菊花的诗句，你能给它们找到作者吗？

①采菊东篱下，悠然见南山。　　　　　A.杜甫
②满园花菊郁金黄，中有孤丛色似霜。　B.陶渊明
③荷尽已无擎雨盖，菊残犹有傲霜枝。　C.白居易
④采采黄金花，何由满衣袖。　　　　　D.苏轼

诗人小档案

郑思肖（1241—1318），宋末诗人，画家，连江（今属福建省）人。宋亡后改名思肖，因"肖"是宋朝国姓"赵"的组成部分；字忆翁，表示不忘故国。元军南侵时，他曾向朝廷献抵御之策，未被采纳，后客居吴下，寄食报国寺。郑思肖擅长作墨兰，花叶萧疏而不画根土，意寓宋土地已被掠夺。有诗集《心史》《郑所南先生文集》《所南翁一百二十图诗集》等。

答案：1.A 2.①—B；②—C；③—D；④—A

第25课

石灰吟①

〔明代〕于谦

千锤万凿②出深山,
烈火焚烧若等闲③。
粉骨碎身④浑⑤不怕,
要留清白⑥在人间。

① 吟：吟颂，古代诗歌体裁的一种。 ② 千锤万凿：千万次的锤击开凿，形容开采石灰非常艰难。 ③ 若等闲：好像很平常的事情。 ④ 粉骨碎身：一作"粉身碎骨"。 ⑤ 浑：全。 ⑥ 清白：指石灰洁白的本色，又比喻高尚的节操。

诗文转换站

　　石灰石经过千万次的锤击开凿才得以从深山里出来，经受熊熊烈火的焚烧也好像是平常的事情。

　　它即使粉身碎骨也毫不惧怕，只要把洁白的本色留在人世间。

诗词赏析评

　　这首诗咏石灰，也是诗人以石灰自比，咏自己磊落的襟怀和崇高的人格。

　　"千锤万凿出深山"，古代要靠人手工锤打开凿把石灰石从山上采集下来。这句形容石灰石被开采出来很不容易。

　　"烈火焚烧若等闲"，"烈火焚烧"是指烧炼石灰石。"若等闲"三字，使人感到这不仅是在写烧炼石灰石，还象征着志士仁人无论面临着怎样严峻的考验都从容坚定的精神。

　　"粉骨碎身浑不怕"，"粉骨碎身"极形象地写出将石灰石烧成石灰粉的过程，而"浑不怕"三字又使我们联想到诗人同石灰石一样，具有不怕牺牲的精神。

　　"要留清白在人间"，诗人直抒情怀，立志要做纯洁清白的人。

诗词趣味多

　　石灰：石灰石从深山中开采，将石灰石与燃料（木材）分层铺放，引火煅烧一周的时间，烧成的粉末就是石灰粉。石灰粉应用范围非常广泛，最常用于建筑行业，比如粉刷墙壁；还可以加工成食品级碳酸钙，作为一种常见的补钙剂被广泛应用。

智慧修炼场

1. 猜一猜：下面的甲骨文是诗中的哪一个字？请你写下来。

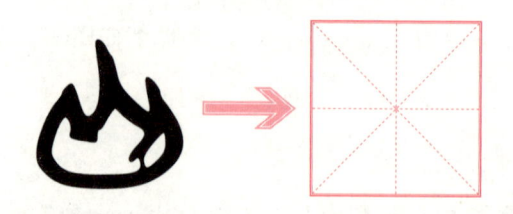

"火"的甲骨文字形像物体燃烧时的一束火苗。人类自从学会了人工取火，用火烤制食物、照明、取暖、冶炼等，人类的生活就进入了一个新的阶段。

2. 选一选：下面哪句是描写石灰的？（ ）

A. 江流石不转，遗恨失吞吴。

B. 盖空王殿承渠力，合水和泥做一回。

C. 青石一两片，白莲三四枝。

诗人小档案

于谦（1398—1457），字廷益，号节庵，浙江杭州钱塘人，明朝名臣。他为官廉洁正直，曾平反冤狱，救灾赈荒，深受百姓爱戴。明英宗时，瓦剌入侵，明英宗被俘。于谦拥立明景帝，亲自率兵固守北京，击退瓦剌。英宗复辟后却以"谋逆罪"诬杀了这位英雄。于谦与岳飞、张煌言并称"西湖三杰"。有《于忠肃集》传世。

答案：1. 火 2. B

旅夜书怀①

〔唐代〕杜甫

细草微风岸②,危樯③独夜舟④。
星垂平野阔,月涌大江流。
名岂文章著⑤,官应老病休。
飘飘⑥何所似,天地一沙鸥⑦。

> **字词小贴士**
>
> ① 书怀：书写胸中意绪。　② 岸：指江岸边。　③ 危樯（qiáng）：高高的船桅杆。樯，桅杆。　④ 独夜舟：一只小船独自夜泊江边。　⑤ 文章著：因文章而著名。　⑥ 飘飘：飞翔的样子，这里含有"飘零""漂泊"的意思。　⑦ 沙鸥：水鸟名。

诗文转换站

微风吹拂着岸边的细草,那立着高高桅杆的小船在夜里孤独地停泊在江边。

星星垂在天边,平野显得更加宽阔,月光随波涌动,大江滚滚东流。

我难道是因为诗文著称于世吗?我现在老了,也应该辞官休息了。

我现在到处漂泊像什么呢?就像天地间一只孤零零的沙鸥。

诗词赏析评

这首五言律诗既写旅途风景,又感伤宏大的政治抱负未能施展,自己却年老多病,孤独漂流于异乡。

"细草微风岸,危樯独夜舟"描写"旅夜"的近景。诗人通过写景展示他的境况和情怀:像江岸细草一样渺小,像江中孤舟一般寂寞。

"星垂平野阔,月涌大江流"写雄浑辽阔的远景。诗人写辽阔的平野、浩荡的大江、灿烂的星月,正是为了反衬出他的孤苦伶仃、寂寞无助。

"名岂文章著,官应老病休。"有点名声,哪里是因为我的文章好呢?做官,倒应该因为年老多病而退休。这是反话。诗人素有远大的政治抱负,但长期被压抑而不能施展,这实在不是他的心愿。这里表现出诗人心中的不平,同时揭示出政治上失意是他漂泊、孤寂的根本原因。

"飘飘何所似,天地一沙鸥。"孑然一身四处漂泊像什么呢?不过像广阔天地间的一只沙鸥罢了,深刻地表现了内心漂泊无依的感伤。

诗词趣味多

五言律诗：中国一种传统的诗歌体裁，简称"五律"。此诗体起源于南朝齐永明时期，其雏形是沈约等讲究声律、对偶的新体诗，至初唐沈佺期、宋之问时基本定型，成熟于盛唐时期。全篇共八句，每句五个字，有仄起、平起两种基本形式，中间两联须作对仗。代表作品有李白的《送友人》、杜甫的《春望》、王维的《山居秋暝》等。

智慧修炼场

1.写一写：本诗中有著名诗句，请你根据提示补充完全。

星_____，月_____。

2.选一选：下面哪首古诗是五言律诗？（ ）

A.《静夜思》

B.《题破山寺后禅院》

C.《春晓》

D.《饮湖上初晴后雨》

诗人小档案

杜甫（712—770），字子美，自号少陵野老，出生于河南巩县，原籍湖北襄阳。唐代伟大的现实主义诗人，在中国古典诗歌中的影响非常深远，被后人称为"诗圣"，他的诗被称为"诗史"。后世因其官职称其杜拾遗、杜工部，也因其居所称他杜少陵、杜草堂。杜甫与李白合称"大李杜"。杜甫创作了《登高》《春望》等名作，共有约1500首诗歌被保留了下来，大多集于《杜工部集》。

答案：1.（垂）平野阔　（月）涌大江流　2.B

第27课

左掖①梨花

〔唐代〕丘为

冷艳②全欺③雪，
余香乍④入衣⑤。
春风且莫定⑥，
吹向玉阶⑦飞。

字词小贴士

① 左掖：指门下省。唐代的门下省和中书省，分别设在宫禁（帝后所居之处）左右两侧。　② 冷艳：形容梨花洁白如雪，清冷艳丽。　③ 欺：胜过。　④ 乍：突然。　⑤ 入衣：指香气浸透衣服。　⑥ 莫定：不要静止。　⑦ 玉阶：宫殿前光洁似玉的石阶。

诗文转换站

梨花清冷艳丽的样子胜过雪花,它散发出的香气浸透了衣裳。春风请继续吹吧,将这美丽的花朵吹向皇宫大殿的玉石台阶。

诗词赏析评

这首诗通过描写梨花的洁白、冷艳、暗香,表达了诗人报效国家的理想。

"冷艳全欺雪,余香乍入衣。""冷艳"写出了梨花的冰肌玉骨和风姿卓绝。风吹过,那若有若无的清香飘进衣裳。梨花的冷艳、幽香比雪更胜一筹。诗人以此暗寓自己过人的才华、高尚的品质。

"春风且莫定,吹向玉阶飞。"诗人寄语春风,不要让梨花自开自落、悄无声息,请把它吹向皇宫的玉阶去。以春风比喻皇恩,暗示自己不甘冷落,希望得到皇帝的赏识,以实现自己的理想。

诗词趣味多

1.衣裳:古人称上面的服装为"衣",下面的服装为"裳"。古人最早下身穿的"裳"是一种类似裙子的服装。现在"衣裳"泛指衣服。

《周易·系辞下》有云:黄帝、尧、舜"垂衣裳而天下治"。汉服的"衣裳制"是华夏文明中服饰礼仪规格最高的形式。

2.五言绝句:中国古代诗歌体裁之一,属于绝句的一种,指五言四句而又合乎律诗规范的小诗。此诗体源于汉代乐府小诗,到了唐代与近体律诗如孪生姐妹,并蒂双花,以崭新的异彩出现在诗坛上。五言绝句仅二十字,便能展现出一幅清新的图画,传达一种真切的意境。

五言绝句的代表作品有李白的《静夜思》、柳宗元的《江雪》、王维的《鸟鸣涧》等。

智慧修炼场

1.找一找：《左掖梨花》中最著名的两句诗，藏在下面的多宫格中，请你找到并写下来。

冷	梅	全	雪
余	艳	柳	乍
入	阳	欺	风
彩	香	蝉	衣

2.连一连：下面是描写梨花的诗句，请你帮助它们找到作者吧。

①梨花院落溶溶月，柳絮池塘淡淡风。　　A.杜牧
②梨花淡白柳深青，柳絮飞时花满城。　　B.晏殊
③砌下梨花一堆雪，明年谁此凭栏杆。　　C.苏轼

诗人小档案

丘为（生卒年不详），苏州嘉兴（浙江省嘉兴市）人。其诗大多为五言，格调清幽淡逸，多写田园风物，为盛唐山水田园诗派诗人之一。以《题农父庐舍》《寻西山隐者不遇》《左掖梨花》《泛若耶溪》等最为著名。

答案：1.冷艳全欺雪，余香乍入衣。 2.①—B；②—C；③—A

杨柳枝词

〔唐代〕白居易

一树春风千万枝①,
嫩于金色软于丝。
永丰②西角荒园里,
尽日无人属阿谁③?

字词小贴士

① 千万枝：形容柳树枝条多，长得茂盛。千万，虚词，形容多。 ② 永丰：永丰坊，唐代东都洛阳坊名。 ③ 阿谁：疑问代词。

诗文转换站

春风拂过，千万缕柳枝随风起舞，远远望去一片嫩黄，随风飘荡，比丝缕还要柔软。

这样一株生机勃勃的柳树，却长在永丰坊西南角荒芜的园中，整日无人前往，有谁来欣赏它呢？

诗词赏析评

"一树春风千万枝"，是说春风吹拂，千丝万缕的柳枝随之而起舞。"嫩于金色软于丝"，写出春风和煦，柳枝绽出淡黄的嫩芽；随风飘荡的柳枝，比丝缕还要柔软。句中叠用两个"于"字，更加突出了柳枝的"软"和"嫩"，而且使诗句节奏轻快。

"永丰西角荒园里，尽日无人属阿谁"写的是柳树遭受冷落的处境。"西角"为背阳阴寒之地，"荒园"为无人所到之处，生长在这样的场所，垂柳再好，也无人来欣赏，表达了诗人对垂柳深深的惋惜，以及对当时政治腐败、人才埋没的感慨。

诗词趣味多

1.《杨柳枝词》共有两首，下面请欣赏其二：

　　　一树衰残委泥土，双枝荣耀植天庭。
　　　定知玄象今春后，柳宿光中添两星。

2.七言绝句：中国一种传统的诗歌体裁，简称"七绝"，属于近体诗范畴。此体全诗四句，每句七言，在押韵、粘对等方面有严格的格律要求。诗体起源于南朝乐府歌行或北朝乐府民歌，或可追溯到西晋的民谣，定型、成熟于唐代。

七言绝句的代表作品有王昌龄的《芙蓉楼送辛渐二首》、李白的《早发白帝城》、杜甫的《江南逢李龟年》等。

智慧修炼场

1. 画一画：春日的垂柳别有韵味，你能根据诗的内容画下来吗？

2. 飞花令：写出三句含有"柳"的诗句。

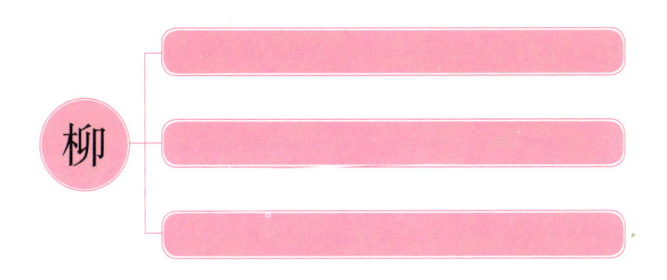

柳

答案：1.略。 2.例： 碧玉妆成一树高，万条垂下绿丝绦。 山重水复疑无路，柳暗花明又一村。 柳上柳绵吹又少，天涯何处无芳草。

第29课

北陂①杏花

〔宋代〕王安石

一陂春水绕花身，
花影②妖娆③各占春。
纵④被春风吹作雪，
绝胜⑤南陌⑥碾成尘。

> **字词小贴士**

① 陂（bēi）：池塘。　② 花影：花枝在水中的倒影。　③ 妖娆：娇艳美好，妩媚多姿。　④ 纵：即使。　⑤ 绝胜：远远胜过。　⑥ 南陌：南面的道路，这里借指名利之场。

诗文转换站

满塘的春水围绕着杏花，岸上的花，水中的花影，都是那么美丽动人。

即使被无情的春风吹落，飘飘洒洒像雪一样，飞入清澈的水中，也远远胜过那路边的花，飘落了，还被车马碾作灰尘。

诗词赏析评

这首诗写出了北陂杏花的娇媚之美，表现了杏花高洁的品性，诗人寄情于物，表达了自己刚强耿介的个性和洁身自好的人生追求。

"一陂春水绕花身"描绘杏花临水照影之娇媚。一池碧绿的春水环绕着杏树，显得生机盎然。"绕"字用得巧妙，既写陂水曲折蜿蜒的流势，又写水与花的相依相亲。

"花影妖娆各占春"从花与影两个方面写杏花的绰约风姿。满树繁花竞相开放，满池花影摇曳迷离。"妖娆"本用于写人，这里用来描写杏花，体现了杏花的美。

"纵被东风吹作雪，绝胜南陌碾成尘。"两句，诗人借赞扬杏花洁身自好的品性之美，表达了自己内心志行高洁的追求。

诗词趣味多

1.王安石爱用"绕"字摹写山形水势，如他在《江上》一诗中写："青山缭绕疑无路，忽见千帆隐映来。"在《书湖阴先生壁（其一）》中写到："一水护田将绿绕，两山排闼送青来。"又在《钟山即事》中写"涧水无声绕竹流"，有清婉、柔媚、幽静之感。

2.阡陌："路南北为阡，东西为陌。"（出自《说文新附》）阡，田间南北方向的道路；陌，田间东西方向的道路。

智慧修炼场

1.画一画：你能发挥想象，把诗的内容画下来吗？

2.猜一猜：你停它也停，你走他也走，和你做朋友，就是不开口。（打一自然物）

诗人小档案

王安石（1021—1086），字介甫，号半山。抚州临川（今江西省抚州市）人。北宋时期政治家、文学家、思想家、改革家。他以散文名列"唐宋八大家"，著作有《临川集》等。

答案：1.略 2.影子

卜算子①·咏梅

〔宋代〕陆游

驿外②断桥③边，寂寞开无主④。已是黄昏独自愁，更著⑤风和雨。无意苦⑥争春⑦，一任⑧群芳⑨妒。零落成泥碾⑩作尘⑪，只有香如故⑫。

字词小贴士

① 卜算子：词牌名。 ② 驿（yì）外：指荒僻、冷清之地。驿，驿站，供驿马或官吏中途休息的专用建筑。 ③ 断桥：残破的桥。 ④ 无主：自生自灭，无人照管和玩赏。 ⑤ 著（zhuó）：同"着"，遭受，承受。 ⑥ 苦：尽力，竭力。 ⑦ 争春：与百花争奇斗艳。 ⑧ 一任：全任，完全听凭。 ⑨ 群芳：群花，这里借指苟且偷安的主和派。 ⑩ 碾（niǎn）：轧烂，压碎。 ⑪ 作尘：化作灰土。 ⑫ 香如故：香气依旧存在。故，指花开时。

诗文转换站

无人照管、欣赏的梅花，在驿馆外的断桥边独自开放。已是日落黄昏，她正独自忧愁感伤，一阵阵凄风苦雨，又不停地敲打在她身上。

她不想在春天与百花争奇斗艳，听任百花心怀妒忌将她中伤。纵然她片片凋落在地，被碾作尘泥，清芬却永留世上。

诗词赏析评

作者在这首词中咏梅的凄苦，以花自喻，感叹人生的失意坎坷；通过对梅的赞咏，显示作者身处逆境而矢志不渝的崇高品格。

词的上片集中写了梅花的困难处境。读者可以从一系列景物中感受到作者在特定环境下的心绪——愁，并可以逐渐踏入作者的心境。

词的下片写梅花的品质。无论梅花的境遇如何凄惨，它的香气依旧不改。表现出作者决不与阿谀逢迎之徒为伍的品格和不畏谗毁、坚贞自守的傲骨。

诗词趣味多

词：始于南朝梁代，成形于唐代，极盛于宋代。它是宋代儒客文人的智慧精华，代表着宋代文学的最高成就。宋词句子有长有短，便于歌唱。因是合乐的歌词，故又称"曲子词""乐府""乐章""长短句""诗余""琴趣"等。宋词历来与唐诗并称"双绝"，都代表一代文学之盛。

智慧修炼场

1.选一选：这首词中的哪一句体现了梅无论遭遇多么凄惨依然不改本色？（　　）

A.驿外断桥边，寂寞开无主。

B.已是黄昏独自愁，更著风和雨。

C.无意苦争春，一任群芳妒。

D.零落成泥碾作尘，只有香如故。

2.选一选：作者在本词中突出运用哪种表达方式？（　　）

A.铺陈　　B.抒情　　C.议论　　D.记叙

答案：1.D　2.A

第四辑 临行送别

第31课

赠汪伦①

〔唐代〕李白

李白乘舟将欲行，
忽闻岸上踏歌②声。
桃花潭③水深千尺，
不及④汪伦送我情。

字词小贴士

① 汪伦：李白的朋友。　② 踏歌：唐代民间流行的一种手拉手、两足踏地打节拍的歌舞形式，可以边走边唱。　③ 桃花潭：在今安徽省泾县西南一百里。　④ 不及：不如，比不上。

诗文转换站

李白登船刚要离开，忽然听见岸上友人踏歌送行的声音。
桃花潭纵然有千尺深，也比不上汪伦来送我的情谊深厚。

诗词赏析评

这首诗是李白游历桃花潭时写给好友汪伦的。

"李白乘舟将欲行，忽闻岸上踏歌声"描绘李白乘船想要离开时，汪伦踏歌赶来送行的情景。"乘舟"表明走水路。"忽闻"二字表明汪伦的到来，确实是不期而至的，人未到而声先闻，侧面表现出李白和汪伦的友谊深厚。

"桃花潭水深千尺，不及汪伦送我情"，先用"深千尺"夸张地表现了桃花潭水之深，紧接着"不及"二字笔锋一转，表达汪伦送李白的情谊更深。"不及"二字，采用拟物手法，变无形的情谊为生动的桃花潭水的形象，自然而又情真。

全诗语言清新自然，想象丰富奇特，诗人以自己的姓名开始，又以对方的名字作结，显得率真、亲切、纯粹。

诗词趣味多

古人的送行方式主要有以下几种：
①送别酒。就是在朋友即将离开之时，与其一起聚餐饮

酒。如王维《送元二使安西》中的"劝君更尽一杯酒，西出阳关无故人"。

②送别歌、送别诗。如李白《赠汪伦》中的"李白乘舟将欲行，忽闻岸上踏歌声"。

③折柳送别。由于"柳"与"留"谐音，古人在送别之时，往往折柳相送，以表达依依惜别的深情。

智慧修炼场

1.猜一猜：下面的甲骨文是诗中的哪一个字？请你写下来。

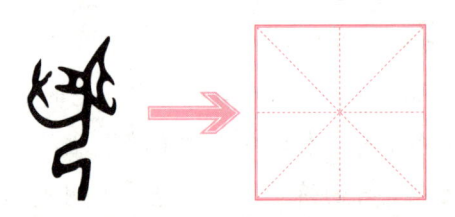

"闻"的甲骨文，像一个人跪在地上，用手掩面，倾斜耳朵，静听外界声音之形。本义为"听到、听见"。

2.选一选：诗中"桃花潭水深千尺，不及汪伦送我情"把好友之情比作桃花潭水，是运用了哪些修辞方法？（　　）

A.拟人　　　B.比喻　　　C.夸张

答案：1.闻　2.BC

芙蓉楼①送辛渐②

〔唐代〕王昌龄

寒雨③连江④夜入吴⑤,
平明⑥送客⑦楚山孤⑧。
洛阳亲友如相问,
一片冰心⑨在玉壶。

字词小贴士

① 芙蓉楼：原名西北楼，在今江苏省镇江市西北。　② 辛渐：诗人的一位朋友。　③ 寒雨：秋冬时节的冷雨。　④ 连江：雨水与江面连成一片，形容雨很大。　⑤ 吴：芙蓉楼所在的镇江在古代属于吴地。　⑥ 平

明：天亮的时候。 ⑦ 客：指诗人的好友辛渐。 ⑧ 孤：独自，孤单一人。 ⑨ 冰心：像冰一样晶莹、纯洁的心。

诗文转换站

　　冰冷的雨水瓢泼而下，和江水连成一片，我连夜来到吴地，天明时分送走好友后，只剩下我一个人伴着楚山。

　　如果洛阳的亲友向你打听我的情况，请你转告他们，我的心依然像玉壶里的冰那样纯洁。

诗词赏析评

　　这首诗作于诗人被贬为江宁（今江苏省南京市）县丞时，写的是诗人清晨在江边送别好友辛渐的情景。全诗既有诗人对友人的深切眷恋，也表明了诗人高洁的志趣。

　　"寒雨连江夜入吴"，描绘了一幅水天相连、浩渺迷蒙的吴江夜雨图。"连""入"两个字写出了雨势的平稳连绵，渲染出离别的黯然气氛。

　　"平明送客楚山孤"，写送别友人的情景。"平明"点明送客的时间，"孤"写出诗人送别友人后的孤寂之感。

　　"洛阳亲友如相问，一片冰心在玉壶。"诗人以"冰心""玉壶"自喻，托友人向洛阳亲友传达自己依然坚持操守的信念。

　　精美的意象和韵味悠长的诗意，使这首小诗堪称中国古典诗歌意境美的代表之作。

诗词趣味多

1.你知道古代描写天亮的词有哪些吗？
破晓：朝阳发出光亮。

黎明、拂晓：天快要亮或刚亮的时候。

平明：天亮的时候。

平旦：清晨。

2.冰壶：早在六朝刘宋时期，诗人鲍照就用"清如玉壶冰"（《代白头吟》）来比喻高洁清白的品格。自从唐朝宰相姚崇作《冰壶诚》以来，盛唐诗人李白、王维、崔颢等都曾以冰壶自励，推崇光明磊落、表里澄澈的品格。

智慧修炼场

1.写一写：诗中哪两句写出了诗人对友人的叮嘱，表现了他高洁清白、光明磊落的品格？请你写下来。

_____

2.连一连：下面都是经典的送别诗名句，请给它们找到作者吧。

①海内存知己，天涯若比邻。　　　　A.李白

②洛阳亲友如相问，一片冰心在玉壶。　B.王勃

③劝君更尽一杯酒，西出阳关无故人。　C.王昌龄

④桃花潭水深千尺，不及汪伦送我情。　D.王维

诗人小档案

王昌龄（约698—约756），字少伯，京兆长安（今陕西省西安市）人，盛唐著名边塞诗人，擅长写七绝，被称为"七绝圣手"。他和高适、岑参、王之涣齐名，合称"四大边塞诗人"。

答案：1.洛阳亲友如相问，一片冰心在玉壶。　2.①—B；②—C；③—D；④—A

山中送别

〔唐代〕王维

山中相送罢,
日暮①掩②柴扉③。
春草明年绿,
王孙④归不归?

字词小贴士

① 日暮：太阳落山。　② 掩：关闭。　③ 柴扉：柴门。　④ 王孙：贵族的子孙，这里指送别的友人。

诗文转换站

在深山中送走了好友，太阳落山时关上柴门。
明年春天小草再绿的时候，老朋友啊，你还会再来吗？

诗词赏析评

这首诗写诗人刚刚送走朋友，又开始盼望朋友归来的心情，表现了朋友间的深厚友谊。

"山中相送罢"，诗的开头就告诉读者相送已罢，把送行时的话别场面、惜别情怀，用一个看似毫无感情色彩的"罢"字一笔带过。看似无情，实则内心的依依不舍、情深意重，不提也罢。

"日暮掩柴扉"，日暮时分，好友离去，诗人的寂寞、怅惘之情变得更浓重。诗人只写了一个"掩柴扉"的举动，仿佛想把离别的惆怅关在门外。

"春草明年绿，王孙归不归？"这两句诗写诗人在与朋友分手的当天就唯恐其久去不归。"归不归"作为一句问话，再次升华了惜别之情。

诗词趣味多

提起"送别"，你还想到了什么诗词呢？欣赏下面这首词，品味它蕴含的感情吧。

送　别
李叔同

长亭外，古道边，芳草碧连天。晚风拂柳笛声残，夕阳山外山。
天之涯，地之角，知交半零落。一壶浊酒尽余欢，今宵别梦寒。
长亭外，古道边，芳草碧连天。问君此去几时来，来时莫徘徊。
天之涯，地之角，知交半零落。人生难得是欢聚，惟有别离多。

智慧修炼场

1.猜一猜：你来猜一猜下面的甲骨文是诗中的哪一个字？请你写下来。

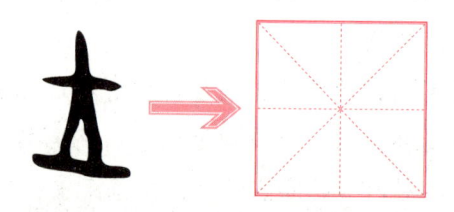

"王"是指事字，其甲骨文像斧钺的样子，"王"便是以斧钺象征王权。本义是古代的最高统治者。秦汉以后，帝王改称为"皇帝"，"王"就成为封建皇族或功臣封爵的最高称谓。

2.写一写：你还读过王维的哪些诗？请你把作品名称写下来吧。

《_____》《_____》《_____》

答案：1. 王。 2. 例：《鸟鸣涧》 《山居秋暝》 《九月九日忆山东兄弟》

谢亭①送别

〔唐代〕许浑

劳歌②一曲解行舟,
红叶青山水急流③。
日暮酒醒人已远,
满天风雨下西楼④。

字词小贴士

① 谢亭:又叫谢公亭,在宣城北面,南齐诗人谢朓任宣城太守时所建。　② 劳歌:送别歌的代称。原本指在劳劳亭(在今南京市南面)送客时唱的歌。　③ 水急流:暗指行舟远去。　④ 西楼:指送别的谢亭。古代诗词中"南浦""西楼"都常指送别之处。

诗文转换站

　　唱完送别的歌，好友乘船离去，两岸是青山红叶，湍急的江流推着船远去。

　　黄昏酒醒时好友已经走远了，只好迎着满天风雨离开了送别好友的谢亭。

诗词赏析评

　　这是一首别开生面的送别诗，主要通过送别的环境来展示诗人与好友真挚的友情。

　　"劳歌一曲解行舟"写友人在送别的歌声中乘舟离去。"红叶青山水急流"写江上景色，明丽的风景反衬别离之愁，"水急流"表达诗人不希望友人那么快离去的心情。

　　"日暮酒醒人已远，满天风雨下西楼。""日暮""风雨"，正衬离别之情。朋友乘舟走远后，诗人由于分别前喝了点酒，心中惆怅，在谢亭睡着了。酒醒后追忆别时情景感到十分怅惘，于是从风雨笼罩的谢亭走了出来。

　　此诗借景寓情，以景结情，比起直接抒情更有感染力。

诗词趣味多

　　诵读下面这首许浑的诗，说一说你的感受。

秋日赴阙题潼关驿楼
〔唐代〕许浑

红叶晚萧萧，长亭酒一瓢。
残云归太华，疏雨过中条。
树色随关迥，河声入海遥。
帝乡明日到，犹自梦渔樵。

智慧修炼场

1.选一选：诗中哪一句运用反衬的手法诉说离愁？（ ）

A.劳歌一曲解行舟

B.红叶青山水急流

C.日暮酒醒人已远

D.满天风雨下西楼

2.飞花令："日暮"作为诗词中的常用意象，常伴随着暮色苍茫、倦鸟归巢的意境，表达寂寥、思乡、孤独等情感。你能写出几句含有"日暮"的诗句吗？

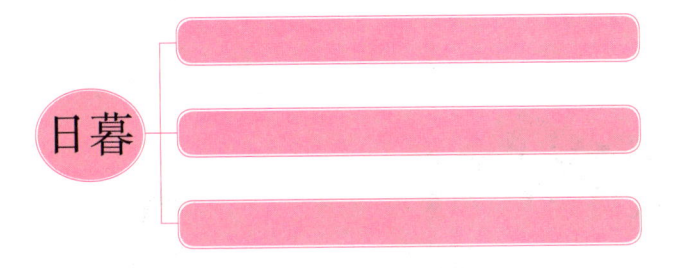

日暮

诗人小档案

许浑（约791—约858），字用晦，润州丹阳（今江苏省丹阳市）人。晚唐最具影响力的诗人之一，其一生不作古诗，专攻律体，多登高怀古之作。有《丁卯集》传世。

答案：1.B 2.例：移舟泊烟渚，日暮客愁新。 山中相送罢，日暮掩柴扉。 日暮苍山远，天寒白屋贫。

第35课

淮上①与友人别

〔唐代〕郑谷

扬子江②头杨柳春，
杨花③愁杀④渡江人。
数声风笛⑤离亭⑥晚，
君向潇湘⑦我向秦⑧。

字词小贴士

① 淮（huái）上：扬州。　② 扬子江：长江在江苏镇江、扬州一带的干流，古称扬子江。　③ 杨花：柳絮。　④ 愁杀：愁绪满怀。杀，形容愁的程度之深。　⑤ 风笛：风中传来的笛声。　⑥ 离

亭：驿亭。驿亭是古代路旁供人休息的地方，人们常在此送别，所以称为"离亭"。 ⑦ 潇湘（xiāo xiāng）：指今湖南一带。 ⑧ 秦：指当时的都城长安。在今陕西省境内。

诗文转换站

扬子江的岸边杨柳依依，一派春色，那乱飞的柳絮，愁坏了渡江的游子。

晚风中，从驿亭里传来几声笛声，你要去潇湘，而我要去京城长安。

诗词赏析评

这首诗是诗人在扬州和友人分手时所作，是一首送别诗。这首诗通过对景物反复渲染，表达了诗人与友人的依依惜别之情。

"扬子江头杨柳春"，诗人描写江头春色，景中寓情。依依袅袅的柳丝，牵曳着彼此依依惜别的深情。

"杨花愁杀渡江人"，随风飘荡的杨絮，牵动着双方的离愁别绪，勾起天涯羁旅情思。"愁杀"用重笔抒写愁绪。

"数声风笛离亭晚，君向潇湘我向秦"，从江头景色转到离亭别宴，正面抒写分别时的情景。"君向潇湘我向秦"，暮色中二人互道珍重，各奔前程。诗到这里戛然而止，韵味深长。

诗词趣味多

描写杨絮的诗词很多，下面我们就来欣赏一下苏轼写杨絮的千古名篇。

水龙吟·次韵章质夫杨花词

〔宋代〕苏轼

似花还似非花，也无人惜从教坠。抛家傍路，思量却是，无情有思。萦损柔肠，困酣娇眼，欲开还闭。梦随风万里，寻郎去处，又还被、莺呼起。

不恨此花飞尽，恨西园、落红难缀。晓来雨过，遗踪何在，一池萍碎。春色三分，二分尘土，一分流水。细看来，不是杨花，点点是离人泪。

智慧修炼场

1. 填一填：诗中对(　　)、(　　)、(　　)、(　　)等几种景物进行渲染，表达了诗人与友人依依惜别、天各一方的离愁。

2. 飞花令：请你写几句含有"杨柳"的诗句。

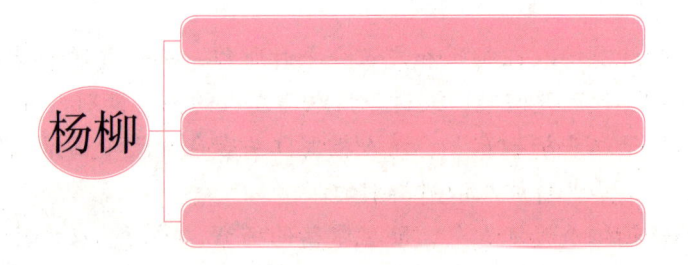

诗人小档案

郑谷（约851—约910），字守愚，唐朝末期著名诗人。僖宗时进士，官至都官郎中，人称"郑都官"；又以《鹧鸪诗》得名，人称"郑鹧鸪"。其诗多写景咏物之作，表现士大夫的闲情逸致。曾与许棠、张乔等唱和往还，号"芳林十哲"。

送杜十四①之②江南

〔唐代〕孟浩然

荆吴相接水为乡,
君去春江正渺茫③。
日暮征帆④何处泊⑤?
天涯⑥一望断人肠。

字词小贴士

① 杜十四:杜晃,家中排行第十四,因而被称为"杜十四"。　② 之:往。　③ 渺茫:水广远的样子。　④ 征帆:指远行的船。　⑤ 泊:停靠。　⑥ 天涯:天的边缘处,这里指极远的地方。

诗文转换站

荆州和吴郡是接壤的水乡，你离去的时候春天的江水浩荡辽阔。

太阳将要落山，远行的小船将要停泊在何处？抬眼向天的尽头望去，真让人肝肠寸断。

诗词赏析评

此诗是诗人送好友杜晃去江南时所作，体现出诗人与友人之间的真挚友谊。

诗开篇就是"荆吴相接水为乡"，"荆吴相接"几个字将千里之遥写得近如比邻。"水为乡"，以水为乡的荆吴人对漂泊生活习以为常，你不要因为暂时离开而遗憾。此句是诗人对友人的一种宽解安慰。

"君去春江正渺茫"，写的是眼前事与眼前景。春江渺茫，正好行船。喜的是，朋友的船可以借助春江的航行之便；悲的是，朋友会离去得很快。情景交融，悲喜交加。

"日暮征帆何处泊"，春江渺茫与征帆一片，形成强烈的对比。你去的地方春江渺茫，让人担心那征帆晚上找不到停泊的处所。表现出诗人对朋友一片殷切的关心。

"天涯一望断人肠"，这句直抒胸臆，远在天涯的友人让人思念得肝肠寸断。前三句蓄势充分，最后一句喷发而出，感人至深。

诗词趣味多

江南：江南是中国地理区域，在文化、地理、气候等领域的不同情况下，江南的范围、概念和定义各不相同。广义上的江南是指长江之南，一般多指长江中下游南岸区域。

从古至今，歌咏江南的大量文学作品构筑了中国人想象中的"江南"，如白居易的《忆江南》、苏轼的《望江南·超然台作》等。

智慧修炼场

1.写一写：诗中哪一句直接表达了诗人对友人离去的忧伤？请你写下来。

_____

2.连一连：下面诗句的作者均是孟浩然，请你找到它们对应的作品。

①春眠不觉晓，处处闻啼鸟　　　A.《过故人庄》
②故人具鸡黍，邀我至田家　　　B.《宿建德江》
③移舟泊烟渚，日暮客愁新　　　C.《春晓》

诗人小档案

孟浩然（689—740），唐代诗人，襄州襄阳人，世称"孟襄阳"。因他未曾入仕，又被称为"孟山人"。盛唐时期形成的以王维、孟浩然为代表的诗歌流派，又称山水田园诗派，孟浩然与王维并称"王孟"，孟诗清淡，长于写景，多反映山水田园和隐逸、行旅等内容。

答案：1.天边一树啼人烟。　2.①—C；②—A；③—B

别卢秦卿①

〔唐代〕司空曙

知有前期②在，
难分此夜中。
无将故人酒③，
不及石尤风④。

字词小贴士

① 卢秦卿：诗人的朋友，生平不详。 ② 前期：约好的再见面的日期。 ③ 无将：不要回绝。 ④ 石尤风：指阻挡行船的逆风、顶头风。

诗文转换站

明知我们已约好再相会的日期，然而在这离别之夜，还是难舍难分。

不要回绝老朋友敬你的这杯送行酒，我这杯酒的力道还比不上阻挡你船前行的顶头风呢。

诗词赏析评

这是一首五言绝句。全诗表达了诗人对友人的依依不舍之情。

"知有前期在，难分此夜中。""前期"，即后会之期，诗人把难舍难分之情表现得打动人心。虽然知道后会有期，但此夜仍然不忍分别。这样一退一进，将难分之情表现得更为感人。

"无将故人酒，不及石尤风。"这两句意思是说逆风能滞客留人，你可不要使"故人酒"反不及阻挡你行船的逆风。这里连用两个否定句式，造成对比、递进的语势，使言辞变得激切有力、感情浓烈。

诗词趣味多

1."石尤风"的典故：传说古代有位姓尤的商人娶了姓石的女子为妻。石氏多次阻止丈夫外出经商，没有成功，最终因思念丈夫而死。她在临死前许愿：死后要变成大风，阻止商船前行，让天下商人的妻子都能与丈夫在一起。此后，凡船行水中遇到使船难以行进的迎面逆风，便称之为"石尤风"。

2.酒：我国是酒的故乡，也是酒文化的发源地，是世界上酿酒最早的国家之一。大体上，酒的酿造方式分两种：一为果实或谷类酿成之色酒，二为蒸馏酒。

智慧修炼场

1.写一写：诗中哪句用到了历史典故？请你写下来。

___

2.写一写：古人送别时多饮酒，请写出一句含"酒"的送别诗诗句。

___

诗人小档案

司空曙（生卒年不详），字文初，唐朝诗人。司空曙为人磊落有奇才，与李约为至交。他是"大历十才子"之一，同时期作家有卢纶、钱起、韩翃等。诗中常有好句，如后世传诵的"乍见翻疑梦，相悲各问年"。

答案：1.无赖杏花雨，偏将船去尤风。2.例：劝君更尽一杯酒，西出阳关无故人。/ 莫愁前路无知己，天下谁人不识君。

送魏二①

〔唐代〕王昌龄

醉别江楼橘柚香,
江风引雨入舟凉。
忆君遥在潇湘月,
愁听清猿②梦里长。

字词小贴士

① 魏二：诗人的朋友。家中排行第二，名字不详。　② 清猿：即猿。因其啼声凄清，故称"清猿"。

诗文转换站

在橘柚飘香的江楼上饮酒分别，江风把那细雨吹进小船，让人感到丝丝寒凉。

想象你独自远行在潇湘的明月之下，满怀着愁绪在梦里听见悠长凄清的猿啼。

诗词赏析评

这首诗是诗人被贬谪后，送别友人时在宴会上所创作的。全诗运用了虚实结合的手法。诗歌表面写与好友分别后愁绪满怀，实际上是写送别友人时感叹唏嘘的情感。

"醉别江楼橘柚香"是环境描写，点明送别友人的饯行宴设在靠江的高楼上，空中飘散着橘柚的香气。

"江风引雨入舟凉"，风雨入舟，却兼写出行人入舟。"凉"字暗含诗人心中对友人的不舍和对离别的伤怀；"引"字与"入"字呼应，描写秋风秋雨的特点。此句寓情于景，凄凄风雨烘托诗人与朋友分别时的悲凉心情。

"忆君遥在潇湘月，愁听清猿梦里长"一句，以"忆"字勾勒，想象魏二梦里听见猿啼，难以入眠。诗人从视觉、听觉两方面虚写友人旅夜的孤寂。

诗词趣味多

猿鸣：古诗中的一个常见意象，古代诗歌中写到猿啼时多指哀音。诗人心中的哀怨、愁苦、凄怆、孤寂无以出之，故借猿啼而写出。如刘长卿《重送裴郎中贬吉州》中“猿啼客散暮江头，人自伤心水自流。”

智慧修炼场

1.选一选：诗中哪两句写的是想象？请你找出来。（　　）

A.醉别江楼橘柚香　　B.江风引雨入舟凉

C.忆君遥在潇湘月　　D.愁听清猿梦里长

2.找一找：从下面的多宫格中，找出两句五言诗。

人	苍	日	橘
孤	烟	色	秋
桐	寒	雪	梧
漠	老	柚	暮

答案：1.CD　2.人烟寒橘柚，秋色老梧桐。

第39课

送沈子福①之江东②

〔唐代〕王维

杨柳渡头③行客④稀，
罟师⑤荡桨向临圻⑥。
惟有相思⑦似春色，
江南江北送君归。

字词小贴士

① 沈子福：诗人的朋友。　② 江东：指长江下游以东地区。　③ 渡头：渡口，过河的地方。　④ 行客：过客，旅客。　⑤ 罟（gǔ）师：渔人，这里借指船夫。　⑥ 临圻（qí）：临近曲岸的地方。当指友人所去之地。　⑦ 相思：此处指友人间的彼此想念。

诗文转换站

在杨柳依依的渡口，旅客稀少，船夫摇荡着船桨驶向临圻。

只有我的相思像这春色一般，从江南到江北都拥着你，送你归去。

诗词赏析评

这首诗描述诗人目送友人离去的情景及感受。全诗将叙事、写景、抒情融为一体,感情真挚,语言明快。

"杨柳渡头行客稀","杨柳渡头"实写春景,渲染送行的气氛。在美好的春光里与朋友分手,诗人非常伤感。这是以美景反衬离情。

"罟师荡桨向临圻"通过描写船夫摇桨离去的情景,暗含友人离去的身影也越来越模糊,诗人心中寂寞伤感。

"惟有相思似春色,江南江北送君归"描写友人已乘船远去,诗人眺望大江两岸,心中有无限依恋之情,就如同眼前的春色,从江南到江北,一齐追随友人归去。诗人以春色来比喻想思之情,显得生动具体。

诗词趣味多

古代诗人的别称大集合:

诗仙——李白　　诗圣——杜甫　　诗魔——白居易

诗鬼——李贺　　诗豪——刘禹锡　诗杰——王勃

诗佛——王维　　诗狂——贺知章　诗骨——陈子昂

智慧修炼场

1.写一写:诗中哪两句表示"春光无所不在,送人之心像春光一样"?请你写下来。

___

2.连一连:下面是王维描写送别的诗句,请你帮忙找到对应的作品。

①春草明年绿,王孙归不归?　　　　A.《送别》

②劝君更尽一杯酒,西出阳关无故人。　B.《渭城曲》

③下马饮君酒,问君何所之?　　　　C.《山中送别》

答案:1.惟有相思似春色,江南江北送君归。 2.①—C; ②—B; ③—A

第40课

渡荆门①送别

〔唐代〕李白

渡远荆门外，来从楚国②游。
山随平野③尽，江入大荒④流。
月下飞天镜，云生结海楼⑤。
仍怜故乡水⑥，万里送行舟。

字词小贴士

① 荆门：即荆门山，位于今湖北省宜都市西北，长江南岸，与北岸虎牙山对峙，地势险要，自古即有楚蜀咽喉之称。　② 楚国：楚地，指今湖北一带，春秋时期属楚国。　③ 平野：平坦广阔的原

野。 ④ 大荒：广阔无际的田野。 ⑤ 海楼：海市蜃楼，这里形容江上云霞的美丽景象。 ⑥ 故乡水：指从四川流来的长江水。因诗人从小生活在四川，把四川称作故乡。

诗文转换站

我乘舟渡江到达遥远的荆门外，来到楚地游览。

山随着平坦原野的出现而逐渐消失，江水在一望无际的田野中奔流。

江面月影好似天上飞来的明镜，云彩升起，结成了海市蜃楼般的美丽景观。

我依然怜爱这来自故乡的水，流过万里送我出发远行。

诗词赏析评

这首诗是李白青年时期出蜀至荆门时赠别家乡的作品。诗题中的"送别"应是告别故乡。

"渡远荆门外，来从楚国游"，此句交代了诗人这次游览的目的地。

"山随平野尽，江入大荒流"，描写了渡过荆门进入楚地时看到的壮阔景象。用移动的视角写景物的变化，船由蜀地到荆门两岸，地势也由山脉过渡到平原，山峦从视线中一点点地消失，江水冲下山峦，向着广阔的原野奔腾而去，描绘出了一幅气势磅礴的万里长江图。

"月下飞天镜，云生结海楼"，意思是月亮在水中的倒影好像天上飞下来的一面天镜，云彩升起，变幻无穷，奇妙美丽得像海市蜃楼。

"仍怜故乡水，万里送行舟"，这一句运用了拟人的修辞手法，将故乡水拟人化，表达了诗人离开故乡时依依不舍的感情。

诗词趣味多

楚国：又称荆、荆楚，是先秦时期位于长江流域的诸侯国，国君为芈姓、熊氏。周成王时期，熊绎建立楚国。

楚人的信仰是多元的，包括天神、地祇和人鬼。楚人自古尊凤崇凤。

楚辞又称"楚词"，是战国时代楚国的的伟大诗人屈原创造的一种诗体。

智慧修炼场

1.写一写：诗中有一名句脍炙人口，流传至今，请你将它补充完整。

山_____，江_____。

2.写一写：你还知道李白的哪些送别诗？请你写下来。

《_____》《_____》

答案：1.（山）随平野尽，（江）入大荒流。 2.例：黄鹤楼送孟浩然之广陵、赠汪伦

第五辑 山水田园

竹里馆①

〔唐代〕王维

独坐幽篁②里，
弹琴复长啸③。
深林④人不知，
明月来相照。

字词小贴士

① 竹里馆：辋川别墅胜景之一，房屋周围有茂密竹林。 ② 幽篁（huáng）：幽深的竹林。 ③ 长啸：撮口而呼，这里指吟咏、歌唱。 ④ 深林：指"幽篁"。

诗文转换站

我独自坐在幽静的竹林中，一边弹琴一边高声吟唱。

深深的竹林中没有人知晓我，只有一轮明月静静与我相伴。

诗词赏析评

此诗写隐者的闲适与情趣，描绘了诗人月下独坐、弹琴长啸的悠闲生活。此诗遣词造句简朴清丽，传达出诗人宁静、淡泊的心境。

"独坐幽篁里"，写诗人所处的竹林非常幽静。"独"字指出诗人独自一人，塑造了一个悠然独处者的形象。

"弹琴复长啸"，写诗人独自坐在竹林里，悠然自得地弹琴并且大声吟唱着，体现了诗人独处时的悠闲。

"深林人不知"，写出了两层含义：第一层是诗人由于竹林幽深而不为人知；第二层是诗人早年信佛，思想超脱，可能不被人所理解。暗含着诗人由于"人不知"而更加怡然自得，享受独处的快乐。

"明月来相照"，"明月"与"人不知"相对照，写出诗人并没有因"人不知"而孤独。"相照"与"独坐"相应，意思是说，左右无人相伴，唯有明月似解人意，偏来相照。

诗人用平淡的语言勾勒出引人入胜的意境，而语言的风格美又与它的意境美相辅相成，于平淡中见至味。

诗词趣味多

长啸：古代一些超逸之士常以此来抒发感情。魏晋名士称吹口哨为啸。

曹植《美女篇》："顾盼遗光采，长啸气若兰。"

苏轼《和林子中待制》："早晚渊明赋《归去》，浩歌长啸老斜川。"

司马相如《上林赋》："长啸哀鸣，翩幡互经。"

岳飞《满江红·写怀》："抬望眼、仰天长啸，壮怀激烈。"

智慧修炼场

1.画一画：你能根据诗的内容画一幅画吗？

2.连一连：下面是描写竹的诗句，请你找到它们对应的作品。

①绿竹半含箨，新梢才出墙　　　A.《夏日南亭怀辛大》

②荷风送香气，竹露滴清响　　　B.《严郑公宅同咏竹》

③竹深树密虫鸣处，时有微凉不是风　C.《竹石》

④咬定青山不放松，立根原在破岩中　D.《夏夜追凉》

答案：1.略　2.①—B；②—A；③—D；④—C

四时田园杂兴（其三十一）

〔宋代〕范成大

昼出耘田①夜绩麻②，
村庄儿女各当家③。
童孙未解④供⑤耕织，
也傍桑阴⑥学种瓜。

字词小贴士

① 耘田：除草。　② 绩麻：把麻搓成线。　③ 各当家：每人承担一定的工作。　④ 未解：不懂。　⑤ 供：从事，参加。　⑥ 阴：树荫。

诗文转换站

白天去田里锄草，夜晚在家中搓麻线，村中男男女女各有各的工作。

小孩子虽然不懂得耕田织布，却也在那桑树荫下学着种瓜。

诗词赏析评

此诗是南宋诗人范成大退居家乡后写的的田园组诗中的一首。这首诗以朴实的语言、细致的描绘，热情地赞颂了农民紧张繁忙的劳动生活。

"昼出耘田夜绩麻"，"耘田"是男人们的工作，白天除草，好让庄稼长势更好；"绩麻"是妇女们的工作，晚上搓麻线，再织成布。用"昼"和"夜"对比，向我们展开一幅乡村男耕女织、日夜忙碌的景象。

"村庄儿女各当家"，全诗用老农的口气，"儿女"也就是指年轻人。"当家"体现出村中男女都不得闲，各有各的劳动任务。

"童孙未解供耕织"，"童孙"指那些孩子们，他们不会耕田也不会织布，却也不闲着，力所能及地学习生产技术。由于他们从小耳濡目染，于是也就在茂盛成荫的桑树底下学种瓜，表现了农村儿童的天真情趣。

全诗语言通俗浅显，文笔清新，流畅自然。这首诗犹如一幅生动的农村风俗长卷，充溢着浓郁的乡土气息。

诗词趣味多

《四时田园杂兴》是南宋诗人范成大退居家乡后写的一组大型的田园诗，它分春日、晚春、夏日、秋日、冬日五部分，每部分各十二首，共六十首。诗歌描写了农村四季的景色和农民的生活，绘制了一幅幅田园农作图，同时也反映了农民遭受的剥削与他们生活的困苦。

智慧修炼场

1.选一选：诗中哪两句体现了儿童的天真情趣？请你选一选。（ ）

A.昼出耘田夜绩麻　　B.村庄儿女各当家

C.童孙未解供耕织　　D.也傍桑阴学种瓜

2.写一写：回忆一下，你还学过《四时田园杂兴》组诗中的哪一首？请你续写。

梅子金黄杏子肥，麦花雪白菜花稀。

诗人小档案

范成大（1126—1193），字至能，号石湖居士，平江吴县（今江苏省苏州市）人。南宋名臣、文学家。其诗风格平易浅显、清新妩媚；题材广泛，以反映农村社会生活内容的作品成就最高。他与杨万里、陆游、尤袤合称南宋"中兴四大诗人"，又称"南宋四大家"。范成大诗中价值最高的是使金纪行诗和田园诗，在南宋末期产生极大影响。有《石湖集》《揽辔录》《吴船录》《吴郡志》《桂海虞衡志》等著作传世。

答案：1.CD　2.日长篱落无人过，惟有蜻蜓蛱蝶飞。

第43课

过①故人庄②

〔唐代〕孟浩然

故人具③鸡黍④，邀我至田家。
绿树村边合⑤，青山郭⑥外斜。
开轩⑦面场⑧圃⑨，把酒⑩话桑麻⑪。
待到重阳日⑫，还⑬来就菊花⑭。

字词小贴士

① 过：拜访。　② 故人庄：老朋友的田庄。　③ 具：准备，置办。　④ 鸡黍（shǔ）：鸡和黄米饭，指农家待客的丰盛饭食。黍，黄米，古代认为黄米是上等的粮食。　⑤ 合：环绕。　⑥ 郭：这里指村庄的外墙。　⑦ 轩：窗户。　⑧ 场：打谷场、稻场。　⑨ 圃：菜园。　⑩ 把酒：端着酒具，指饮酒。　⑪ 话桑麻：闲谈农事。桑麻，桑树和麻，这里泛指庄稼。　⑫ 重阳日：指农历九月初九的重阳节。古人在这一天有登高、赏菊、饮酒的习俗。　⑬ 还（huán）：返，来。　⑭ 就菊花：指赏菊。就，靠近，指去做某事。

诗文转换站

老朋友预备丰盛的饭菜，邀请我去他农村的家里玩。

只见翠绿的树林围绕着村落，苍青的山峦在村外横卧。

我们推开窗户面对谷场菜园，喝着酒闲谈庄稼的情况。

我跟朋友约定：等到重阳节时，我还来这里观赏菊花。

诗词赏析评

这首诗写的是诗人应邀到一位老朋友家做客的经过，描写了农家恬静闲适的生活情景，抒发了诗人和朋友之间真挚的友情，写出了诗人对这种田园生活的向往。

"故人具鸡黍，邀我至田家"，诗人开门见山，点明自己是应老朋友之邀而来，并且受到了热情款待。

"绿树村边合，青山郭外斜"，描绘村庄周围的环境。绿树环抱，村外的青山依依相伴。此处运用了由近及远的顺序描写景物。

"开轩面场圃，把酒话桑麻"，描写诗人与好友在屋里边饮酒边闲聊的场景，体现了诗人与老友无话不谈的真挚友情。

绿树、村舍、青山、场圃、桑麻和谐地统一，构成一幅优美宁静的田园风景画，而宾主的欢笑和关于桑麻的话语，都仿佛萦绕在读者耳边。

"待到重阳日，还来就菊花"，表示诗人被农庄生活所深深吸引，于是临走时，向主人率真地表示将在秋高气爽的重阳节再来赏菊品酒。

这首诗初看平淡如水，细细品味后就觉得它像是一幅画着田园风光的中国画，将景、事、情完美地结合在一起，具有强烈的艺术感染力。

诗词趣味多

写古代"欢乐农家游"的诗作还有很多，比如下面这首《游山西村》。

游山西村

〔宋代〕陆游

莫笑农家腊酒浑,丰年留客足鸡豚。
山重水复疑无路,柳暗花明又一村。
箫鼓追随春社近,衣冠简朴古风存。
从今若许闲乘月,拄杖无时夜叩门。

智慧修炼场

1.猜一猜:你来猜一猜下面的甲骨文是诗中的哪一个字?请你写下来。

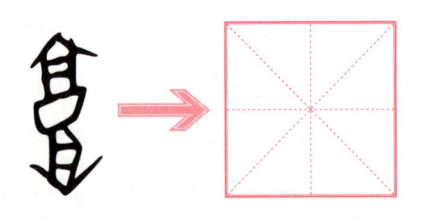

"郭"的甲骨文像是建在城邑四周的护城塔楼。本义是城墙上的眺望预警塔楼。古代城墙有内外两重,内为城,外为郭。

2.写一写:你还学过孟浩然的哪些诗?把其中你最喜欢的诗句写下来。

村 夜

〔唐代〕白居易

霜草①苍苍②虫切切③,
村南村北行人绝④。
独⑤出门前望野田⑥,
月明荞麦⑦花如雪。

字词小贴士

① 霜草：被秋霜打过的草。　② 苍苍：灰白色。　③ 切切：虫叫声。　④ 绝：完全没有了。　⑤ 独：单独，一个人。　⑥ 野田：田野。　⑦ 荞麦：一年生草本植物，子实黑色有棱，磨成面粉可食用。

诗文转换站

秋季的草被寒霜打过以后变成了灰白色，小虫藏在里面窃窃私语，山村周围没有行人走动。

我独自来到门前眺望远处的田野，明亮的月光将一望无际的荞麦花映照得像雪一样洁白。

诗词赏析评

这首诗以白描手法写出了乡村之夜的景色。前两句写村夜秋色萧疏暗淡，后两句描绘出乡村之夜的美景，表达出诗人由孤独寂寞到兴奋自喜的感情变化。

"霜草苍苍虫切切，村南村北行人绝"，霜降是秋季的最后一个节气，"霜草苍苍"指出晚秋的景色浓重。夜晚只有小虫不时鸣叫，渲染了秋夜的萧索、凄清。夜晚的农村没有人外出，更体现了环境的寂静。

"独出门前望野田"一句，写诗人走出家门向田野望去。既是过渡又是转折，由对村夜萧疏暗淡气氛的描绘，转到了另外一幅使读者耳目一新的画面——"月明荞麦花如雪"：皎洁的月光朗照着一望无际的荞麦田，远远望去，灿烂耀眼，如同一片晶莹的白雪。大自然的如画美景感染了诗人，使诗人暂时忘却了他的孤寂，情不自禁地发出不胜惊喜的赞叹。

诗中后两句描写的景象与前两句描写的形成鲜明的对比。诗人匠心独运地借自然景物的变换写出了自己由孤独到兴奋的感情变化。

诗词趣味多

白描：在文学创作上，"白描"作为一种表现方法，是指不重词藻修饰与渲染烘托，用最简练的语言描绘出鲜明生动的形象，反映人物的感情。我国优秀的古典小说《水浒传》《三国演义》等多用白描的手法。

智慧修炼场

1.找一找：下面的多宫格中藏着诗中的一句，请你找到并写下来。

霜	明	花	虫
月	苍	麦	切
南	荞	幽	雪
北	如	绝	村

2.写一写：你还知道白居易的哪些诗词？请你写下来。

《_____》《_____》《_____》

答案：1.月明荞麦花如雪 2.例：忆江南 钱塘湖春行 暮江吟 大林寺桃花（答案不唯一）

渔 翁

〔唐代〕柳宗元

渔翁夜傍①西岩②宿,
晓汲③清湘燃楚④竹。
烟销⑤日出不见人,
欸乃⑥一声山水绿。
回看天际下中流⑦,
岩上无心云相逐。

> **字词小贴士**

① 傍:靠近。　② 西岩:指永州境内的西山。　③ 汲（jí）:取水。　④ 楚:西山古属楚地。　⑤ 销:消散。亦作"消"。　⑥ 欸（ǎi）乃:象声词。　⑦ 下中流:由中流而下。

诗文转换站

渔翁在夜晚将船靠近西山停下过夜,清晨起来,取水烧火做饭。

太阳升起来了,晨雾逐渐散去,四周没有人影,渔翁摇橹,吆喝一声,青山绿水一下子映入眼帘。

回望天边,江水滚滚东流,山上的白云悠然自在地舒卷。

诗词赏析评

这首诗情趣盎然,诗人以淡雅的笔墨勾画出一幅令人迷醉的山水晨景,并从中透露了他深沉热烈的内心世界。

"渔翁夜傍西岩宿,晓汲清湘燃楚竹。"此句描写渔翁夜宿山边,晨起汲水燃竹,忙碌的身影形象地显示着时间的流转。伴随着渔翁的活动,诗人的笔触又自然而然地延及西岩、清湘、楚竹,山、水、竹构成了清新而完整的画面。

"烟销日出不见人,欸乃一声山水绿。"一面写自然景色:烟销日出,山水变绿;一面写渔翁:渔翁发出一声吆喝,渔船离岸而行。清晨,山水随着天色的变化,色彩由暗而明,这是一个渐变的过程,但在诗中,随着划破静空的一下声响,万物都变绿了。

"回看天际下中流,岩上无心云相逐。"日出以后,画面更为开阔。此时渔船正在行进,而回首骋目,只见山巅上正浮动着的朵朵白云,好像正在无心无虑地前后相逐,诗境十分恬淡。

诗词趣味多

快来认识一下诗人的雅号:

柳河东(柳宗元)　　四明狂客(贺知章)
陆放翁(陆游)　　　五柳先生(陶渊明)

少陵野老（杜甫）　　仓山居士（袁枚）

智慧修炼场

1.选一选：诗中哪句借助声音描写日出风景的壮美？（　）

A.渔翁夜傍西岩宿，晓汲清湘燃楚竹。

B.烟销日出不见人，欸乃一声山水绿。

C.回看天际下中流，岩上无心云相逐。

2.连一连：请你帮助下面诗句找到出处。

①千山鸟飞绝，万径人踪灭　　　A.《溪居》

②早梅发高树，迥映楚天碧　　　B.《早梅》

③久为簪组累，幸此南夷谪　　　C.《江雪》

诗人小档案

柳宗元（773—819），字子厚，唐代文学家、哲学家。河东（今山西省永济市）人，世称"柳河东"。与韩愈共同倡导古文运动，同被列入"唐宋八大家"，并称"韩柳"。其诗风格清峭，与刘禹锡并称"刘柳"，与王维、孟浩然、韦应物并称"王孟韦柳"。有《河东先生集》。

答案：1.B　2.①—C；②—B；③—A

乡村四月

〔宋代〕翁卷

绿遍山原①白满川②,
子规③声里雨如烟。
乡村四月闲人少,
才了④蚕桑⑤又插田⑥。

字词小贴士

① 山原：山陵和原野。　② 白满川：指稻田里的水因倒映着天光而呈现出白色。川，平地。　③ 子规：鸟名，杜鹃鸟。　④ 了：结束。　⑤ 蚕桑：种桑养蚕。　⑥ 插田：插秧。

诗文转换站

　　山坡田野间草木绿油油的，稻田里的水色与天光相映，白茫茫的一片，天空中细雨如烟，杜鹃声声啼叫。

　　四月的乡村中没有什么清闲无事的人，人们刚刚结束了种桑养蚕的工作，又要开始插秧了。

诗词赏析评

　　这首诗用白描手法描写了江南农村初夏时节的田野风光和农忙景象，表达了诗人对乡村生活的热爱之情。

　　"绿遍山原白满川，子规声里雨如烟"描绘自然景物，绿原、白川、子规、烟雨，寥寥几笔就把水乡初夏时特有的景色勾勒了出来。"绿"写树木葱郁，"白"写水光映天，诗人从视觉角度着眼，描绘出明丽动人的山水色彩。"子规声里雨如烟"不仅以烟喻雨，写出了江南梅雨特有的景致，而且以催耕的鸟声表现了无限的生机。

　　"乡村四月闲人少，才了蚕桑又插田"歌咏江南初夏的繁忙农事。采桑养蚕和插稻秧，是关系着衣和食的两大农事，四月正是忙季，家家户户都在忙碌不停。"才了蚕桑又插田"，"才""又"是虚词，此句是虚写，实际上桑蚕、插秧都是很烦琐的工作，然而时令节气限制，需要尽快完成，所以"四月闲人少"。不言"忙"而"忙"意自现，诗人用极简的笔法勾画出了乡村四月农事繁忙的景象。

诗词趣味多

杜鹃鸟：俗称布谷鸟，又名子规、杜宇、子鹃。春夏季节，杜鹃彻夜不停地啼鸣，啼声清脆而短促，唤起人们多种情思。

写杜鹃的诗句有很多，如李白的"杨花落尽子规啼，闻道龙标过五溪"，温庭筠的"月落子规歇，满庭山杏花"。

智慧修炼场

1.选一选：此诗运用了哪种写作手法？请你选出来。（　　）

A.衬托　　　　B.渲染　　　　C.白描

2.写一写：你还知道哪些诗描写了农家的田园风光？请你写下来。

《_____》《_____》《_____》

诗人小档案

翁卷，生卒年不详，字续古，一字灵舒，永嘉（今浙江省温州市）人，南宋诗人。他屡考进士不中，一生没有做过官。他与赵师秀、徐照、徐玑合称"永嘉四灵"。他的诗大多讲究技巧，讲究锤炼字句，写景擅长白描，有清新淡远的意味，著有《四岩集》《苇碧轩集》。

答案：1.C；2.例：四时田园杂兴　过故人庄　村居

山 中

〔唐代〕王维

荆溪①白石出，
天寒红叶②稀。
山路元③无雨，
空翠湿人衣④。

字词小贴士

① 荆溪：本名长水，又称浐水、荆谷水，源出陕西省蓝田县西南秦岭山中，北流至西安市东北入灞河。　② 红叶：秋天，枫、槭、黄栌等树的叶子都变成红色，统称红叶。　③ 元：原，本来。　④ "空翠"句：形容山中雾气浓重，似欲流出，使人有湿衣之感。空翠，指山间松柏浓郁的青翠色。

诗文转换站

荆溪的水潺潺地流着，水底磷磷白石看得很清晰，天气逐渐寒冷，枝上的红叶稀稀疏疏。

山间小路上原本没有下雨，只是松柏那浓郁的翠色好像沾湿了人的衣裳。

诗词赏析评

此诗描写初冬时节，诗人在山上行走时所看到的山中景色。全诗意境空蒙，如梦如幻。

"荆溪白石出"，写山中溪水。山路往往傍着溪流，天寒水浅，山溪变成涓涓细流，露出磷磷白石。由于抓住了寒冬时节山溪的主要特征，读者不但可以想见它清澈的颜色、蜿蜒穿行的形状，甚至仿佛可以听到它潺潺流淌的声音。

"天寒红叶稀"，写山中红叶。绚烂的霜叶红树，本是秋山的特点。入冬天寒，红叶变得稀少了。这里的"红叶稀"，并不给人以萧瑟、凋零之感，而是引起对美好事物的珍视之情。

"山路元无雨，空翠湿人衣。"初冬时节，整个秦岭山中仍是苍松翠柏，山路就穿行在无边的浓翠之中。"空翠"自然不会"湿人衣"，但它浓得几乎使整个空气里都充满了翠色的分子，人行空翠之中，就像被笼罩在一片翠雾之中，整个身心都受到它的浸染、滋润，而微微感觉到一种细雨湿衣似的凉意。这是视觉与触觉交织产生的一种似幻似真的感受。

这幅由白石磷磷的小溪、鲜艳的红叶和无边的浓翠所组成的山中冬景图，色彩斑斓，富有诗情画意。

诗词趣味多

华子冈

〔唐代〕裴迪

落日松风起，还家草露晞。

云光侵履迹，山翠拂人依。

这首诗是王维的好友裴迪所作。读到这样的诗，我们好像走进了大自然的山林氧吧中，空气里充满了负氧离子。

智慧修炼场

1.画一画：你能根据诗中内容画一幅画吗？

2.写一写：诗中哪句写出了诗人行走在郁郁葱葱的松柏间，产生了美好的幻觉？

答案：1.略。 2.山翠拂人衣，云光侵履迹。

第48课

雨过山村

〔唐代〕王建

雨里鸡鸣一两家,
竹溪①村路板桥斜。
妇姑②相唤③浴蚕④去,
闲着⑤中庭栀子⑥花。

字词小贴士

① 竹溪:岸边长满翠竹的溪流。　② 妇姑:指农家的媳妇和婆婆。　③ 相唤:彼此之间互相呼唤。　④ 浴蚕:古代一种选育优良蚕种的方法,即将蚕种全都浸在盐水中进行筛选。　⑤ 闲着:农人无暇赏花,让栀子花显得是在徒然盛开。　⑥ 栀子:一种常绿灌木,春夏之交盛开白色的花朵,散发很浓的香气。

诗文转换站

雨中传来几声鸡鸣，朦胧中现出一两户农家，村中小路通向翠竹相傍的小溪，溪上横着一座歪斜的木板桥。

媳妇和婆婆互相呼唤着去筛选蚕种，农民们忙着农活，顾不得欣赏庭院中的的栀子花。

诗词赏析评

这首诗描写诗人在雨中来到田园山村时看到的优美风景，以及农忙时节真实的农村生活景象，抒发了诗人对和平宁静的田园生活的赞美。

"雨里鸡鸣一两家"，这是入山村前的所闻所见。"一两家"点明这是人口稀少的小山村。鸡鸣给小山村平添一种幽静的气氛。

"竹溪村路板桥斜"，一条溪水从山村流过，竹林夹岸，小径蜿蜒其间，小路尽处是一座木板搭成的小桥。通过对山村外环境的描绘，显示山居之"深"。

诗的前两句勾画了静谧优美的山村风景。

"妇姑相唤浴蚕去"写入村所见，着重写农事活动。仲春时节，在这淳朴的山村里，媳妇和婆婆相唤浴蚕、结伴而行。

"闲着中庭栀子花"，描绘中庭栀子花。写花而用"闲着"形容，侧面衬托农民都忙农活去了，村中没有一个闲人。

全诗扣住山村景象，由景写到人，由人写到境，充满生活气息，又富有诗情画意。

诗词趣味多

栀子花：又名栀子，原产中国。栀子花叶四季常绿，花芳香洁白，格外清丽可爱。请欣赏下面这首描写栀子花的诗，品味其中的感情和韵味。

栀子花
〔宋代〕蒋堂

庭前栀子树，四畔有桠枝。

未结黄金子，先开白玉花。

智慧修炼场

1.选一选：诗中哪一句从侧面描写了农忙时节人们都很忙碌？
（ ）

A.雨里鸡鸣一两家　　　　B.竹溪村路板桥斜

C.妇姑相唤浴蚕去　　　　D.闲着中庭栀子花

2.连一连：下面都是描写乡村的诗句，请你帮助它们找到作者。

①童孙未解供耕织，也傍桑阴学种瓜　　　A.翁卷

②锄禾日当午，汗滴禾下土　　　　　　　B.范成大

③绿遍山原白满川，子规声里雨如烟　　　C.李绅

诗人小档案

王建（约766—约830），字仲初，颍川（今河南省许昌市）人，唐代诗人。擅长乐府诗，与张籍齐名，合称"张王"。他以田家、蚕妇、织女、水夫等为题材的诗篇，对当时社会现实有所反映。著有《王司马集》。

答案：1.D　2.①—B；②—C；③—A

第五辑　山水田园

出 郊①

〔明代〕杨慎

高田②如楼梯,
平田③如棋局④。
白鹭⑤忽飞来,
点破⑥秧针⑦绿。

字词小贴士

① 郊：泛指城外、野外、郊外。　② 高田：沿着山坡开辟的田畦，又叫梯田。　③ 平田：指山下平地上的田块。　④ 棋局：棋盘。　⑤ 鹭：一种长颈尖嘴的水鸟，常在河湖边、水田、沼泽地捕食鱼虾。　⑥ 点破：打破。　⑦ 秧针：水稻始生的秧苗。

诗文转换站

　　山坡上一级一级的畦田像楼梯，平原上整整齐齐的畦田像棋盘。

　　白鹭忽然飞到水稻田上来，在秧苗的一片绿色上点上了白点。

诗词赏析评

　　此诗描写南方春日郊外水田的景色。

　　"高田如楼梯，平田如棋局"写水田的形态，将水田比喻为楼梯、棋盘，写出了高田和平田的壮观。这两句通过诗人视角和所处位置的变化描写了田野的景色。

　　"白鹭忽飞来，点破秧针绿"写一片绿油油的秧田，忽然飞来了白鹭，给秧田增添活力与亮色，让静谧的画面带有动态。

　　全诗以郊外踏青者的目光为描写的视角，先由仰视和俯视描绘了由远及近的春色。接着，目光随忽然飞来的白鹭而转移，在"秧针绿"的特写镜头上定格，动静结合，富有自然情趣。

诗词趣味多

　　山水田园诗派：中国古代诗歌的一个流派。陶渊明第一个以田园景色和田园生活为题材进行了大量的诗歌创作。谢灵运将游山观景的心得写入诗歌，是山水诗的开山鼻祖。山水田园诗派的代表诗人有孟浩然、王维等。

智慧修炼场

1.写一写：你最喜欢诗中的哪句？请默写下来。

2.飞花令：请写出含有"白鹭"的诗句。

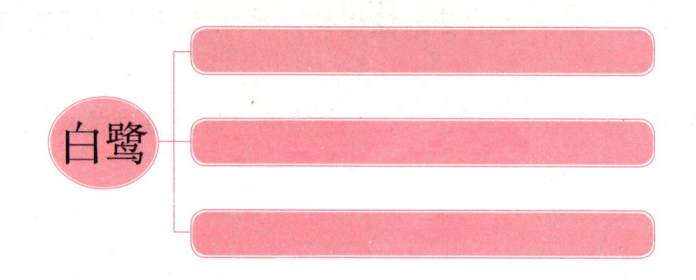

白鹭

诗人小档案

杨慎（1488—1559），字用修，号升庵，新都（今属四川省）人。明代文学家。嘉靖三年（1524年），因"大礼议事件"，杨慎谪戍云南永昌卫，居云南30余年。杨慎存诗约2300首，所写的内容极为广泛。因他居滇30余年，"思乡""怀归"之诗所占比重很大。著有《升庵集》等。

答案：1.略。 2.例：西塞山前白鹭飞。 一行白鹭上青天。 卓长水滴白鹭飞。

饮酒（其五）

〔东晋〕陶渊明

结庐①在人境②，而无车马喧③。
问君④何能尔⑤？心远地自偏。
采菊东篱下，悠然⑥见南山⑦。
山气⑧日夕佳，飞鸟相与还。
此中有真意⑨，欲辨已忘言。

字词小贴士

① 结庐：建造住宅，这里指居住。 ② 人境：喧嚣扰攘的尘世。 ③ 车马喧：指世俗交往的喧扰。 ④ 君：指诗人自己。 ⑤ 何能尔：为什么能这样。 ⑥ 悠然：闲适淡泊的样子。 ⑦ 南山：泛指山峰，一说指庐山。 ⑧ 山气：山间的云气。 ⑨ 真意：从大自然里领会到的人生真谛。

诗文转换站

居住在人来人往的地方，却不会受到世俗交往的喧扰。

问我为什么能这样？只要心志高远，自然就会觉得所处地方僻静了。

在篱笆之下采摘菊花，闲适淡泊，抬头便看到那远处的山峰。

傍晚时分山上景致甚佳，雾气峰间缭绕，飞鸟结伴而还。

这里面蕴含着人生的真正意义，我想要分辨清楚，却已忘了怎样表达。

诗词赏析评

这首诗大约作于诗人归田后的第十二年，正值东晋灭亡前夕。

这首诗的意境可分为两层：前四句为一层，写诗人摆脱世俗烦恼后的感受；后六句为一层，写南山的美好晚景和诗人从中获得的无限乐趣。表现了诗人热爱田园生活的感情和高洁的人格。

这首诗以平淡的语言写秋日景色，叙归隐之乐，谈生活哲理，既富于情趣，又饶有理趣，达到了情、景、理的统一。尤其是"问君何能尔？心远地自偏""此中有真意，欲辨已忘言"几句，具有极强的艺术魅力。

诗词趣味多

不为五斗米折腰：成语，源自陶渊明的故事。比喻为人清高，有骨气，不为利禄所动。

公元405年秋，陶渊明为了养家糊口，来到彭泽当县令。这年冬天，郡太守派出一名督邮到彭泽县来督察。这次派来的督邮是个粗俗而又傲慢的人，他一到彭泽的旅舍，就差县吏去叫陶渊明来见他。

陶渊明平时蔑视功名富贵，不肯趋炎附势，对这种假借上司名义发号施令的人很瞧不起，但也不得不去见一见。

不料县吏拦住陶渊明说："大人，参见督邮要穿官服，并且束上大带，不然有失体统。"

这一下，陶渊明再也忍受不下去了。他长叹一声，道："我不能为五斗米的俸禄向乡里小人折腰！"

说完，索性取出官印，把它封好，并且马上写了一封辞职信，随即离开只当了八十多天县令的彭泽。

智慧修炼场

1.找一找：此诗中名句藏在下面的多宫格中，请你找出并写下来。

山	菊	喧	下	看
车	马	东	见	北
采	篱	悠	然	南

2.写一写：诗人居住在喧闹的地方为什么不会感觉到被打扰

呢？用本诗中的句子来回答。

诗人小档案

陶渊明（约365—427），字元亮，晚年更名潜，号五柳先生，私谥靖节，世称靖节先生。浔阳柴桑（今江西省九江市）人。东晋末到刘宋初杰出的诗人、辞赋家、散文家，被誉为"隐逸诗人之宗""田园诗派之鼻祖"。

答案：1. 采菊东篱下，悠然见南山。2. 心远地自偏